現代メディア社会の諸相

廣瀬 英彦・岡田 直之 編

学文社

執 筆 者

*廣瀬　英彦　東洋大学名誉教授（第1章，第6章）
*岡田　直之　前東洋大学教授（第7章，第8章）

　伊達　康博　東洋大学大学院社会学研究科社会学専攻後期課程（第2章）
　広瀬　拓人　東洋大学大学院社会学研究科社会学専攻後期課程（第3章）
　藤山　　新　東洋大学大学院社会学研究科社会学専攻後期課程（第4章）
　末永　雅美　東洋大学大学院社会学研究科社会学専攻後期課程（第5章）

（＊は編者・執筆順）

まえがき

　本書は，東洋大学大学院社会学研究科社会学専攻の後期課程に在籍する院生4名がそれぞれ書き下ろした論考と，研究指導にあたってきた教員二名が最近まとめた論考2編ずつの計8編で構成されている。

　それぞれ論文を執筆した院生は，いずれも他大学から東洋大学の大学院に進学してきた人たちであり，うち一人は後期課程になって東洋大学に移ってきたという次第で，大学間の流動性の高まりが東洋大学にも浸透してきたと実感させてくれる。しかも，これらの院生はいずれも東洋大学に大いに溶け込んでおり，短年月のあいだにしっかり腰を据えてしまったようにもみえる。

　そのような院生たちが，それぞれの研究テーマに即した論文をまとめ，一冊の書籍の形で社会に公表する機会に恵まれたことは，当人たちにはもちろん，一緒に勉強してきた教員にとってもきわめて意義深いことで，今回の機会を与えていただいた学文社には心からお礼を申し上げる。

　本書に盛られた論考は『現代メディア社会の諸相』のタイトルどおり，新聞，雑誌といった印刷メディアから放送，ニューメディアを経てインターネットまで，多様なメディアが重層的に深く浸透し，情報の最高度な流動性を生み出すにいたった現代社会の今日的な位相を，さまざま観点から描き出す内容となっている。

　脱工業社会から情報社会，高度情報社会，そしてユビキタス社会に至る現代社会の展開は，多様なメディアが錯綜した構造をもった高度インフラストラクチャーとして根付いてきた過程でもある。本書は，意識的，無意識的にかかわらず，こうした視座に立った考察がそろったと考えており，読者にもそのような受け止めかたをしていただけるならば，と心中強く念願している次第である。

　2003年2月

廣瀬　英彦

目 次

第1章　戦後日本におけるジャーナリズム論の展開 …………………………1
　　はじめに …………………………………………………………………………1
　　第1節　新聞編集権問題 ……………………………………………………2
　　第2節　客観報道論 …………………………………………………………5
　　第3節　情報環境論的ジャーナリズム論 …………………………………7
　　第4節　プレスの社会的責任論 ……………………………………………8
　　第5節　犯罪報道と人権 ……………………………………………………11
　　おわりに …………………………………………………………………………14
第2章　情報社会における脱工業社会論 ……………………………………16
　　はじめに …………………………………………………………………………16
　　第1節　イデオロギーの終焉論から脱工業社会論へ ……………………17
　　　　1.　イデオロギーの終焉論における大衆社会論批判 …………………17
　　　　2.　産業社会論のパラダイム ……………………………………………19
　　　　3.　1970年代当時の脱工業社会論の限界 ……………………………21
　　第2節　脱工業社会論と情報社会 …………………………………………23
　　　　1.　脱工業社会論から導出される文脈と情報社会の関連 ……………23
　　　　2.　脱工業社会論における情報社会の視座 ……………………………25
　　　　3.　発展段階論の効用と限界 ……………………………………………28
　　　　4.　脱工業社会論の理論構成 ……………………………………………31
　　第3節　現代社会における脱工業社会論 …………………………………35
　　　　1.　脱工業社会論と情報社会論の関係について ………………………35
　　　　2.　脱工業社会の特質と問題点 …………………………………………38
　　おわりに …………………………………………………………………………41

第3章　情報ネットワーク社会のメディア像…………………………44
　第1節　メディアとは何か……………………………………………44
　　　1.　デジタル時代のメディア像……………………………………44
　　　2.　コンピュータ　―柔軟なメディア―…………………………46
　第2節　インターネットによるコミュニケーションの変容…………48
　　　1.　ネットワーク・メディア時代の到来…………………………48
　　　2.　情報発信の特権崩壊・コミュニケーションの境界喪失………50
　　　3.　情報量の巨大化がもたらすもの………………………………54
　　　4.　物理空間の制約の緩和・新たな対人ネットワークの形成……56
　　　5.　社会的リアリティの構築………………………………………58
　第3節　サイバースペースと自己のメディア化……………………60
　　　1.　サイバースペース………………………………………………60
　　　2.　ヴァーチャル・リアリティーの光と影　……………………63
　　　3.　情報の傘の下で生きる…………………………………………64
第4章　メディア・リテラシーの視点からみた「メディア」と「ジェンダー」
　　　　――「読む」能力から「発信する」能力へ――　……………67
　　はじめに……………………………………………………………67
　第1節　これまでの「メディア」と「ジェンダー」をめぐる主な議論……68
　第2節　メディアにおける性差別的表現の問題………………………73
　第3節　メディア組織の問題……………………………………………79
　第4節　メディア・リテラシーとその重要性…………………………85
　　おわりに……………………………………………………………89
第5章　メディアとプロパガンダ………………………………………93
　　はじめに……………………………………………………………93
　第1節　プロパガンダの定義……………………………………………95
　　　1.　プロパガンダの辞書・事典の定義……………………………95
　　　2.　プロパガンダと類似概念との相違……………………………98

第2節　プロパガンダの方法 …………………………………………100
　　　1.　メディア・イベントとしてのプロパガンダ ………………100
　　　2.　制度的装置としてのプロパガンダ ……………………………102
　　　3.　準備的プロパガンダ ……………………………………………105
　　第3節　プロパガンダとメディア・リテラシー ……………………106
　　　1.　現代日本においてプロパガンダをどうとらえるべきか ……106
　　　2.　プロパガンダの超克としてのメディア・リテラシー ………107
　　　3.　カウンター・プロパガンダの対抗力 …………………………111
　　おわりに …………………………………………………………………114

第6章　ヨーロッパにおけるマス・メディアの変容 ………………………118
　　はじめに …………………………………………………………………118
　　第1節　多メディア・多チャンネル化と機能的入り組みの進展 ………120
　　　1.　アナログ地上波テレビの多局化
　　　　　　（政権交代と自由化情報政策の果実）………………………120
　　　2.　ケーブルテレビの浸透（多チャンネル時代の到来）…………122
　　　3.　アナログ衛星放送の展開
　　　　　　（スペース・ケーブル・ネットワークからDTHへ）………124
　　　4.　デジタル衛星放送の登場（デジタル時代の到来）……………125
　　　5.　地上波放送のデジタル化（総デジタル放送時代へ）…………126
　　　6.　オンライン新聞の浸透（グーテンベルク呪縛からの解放）……127
　　第2節　メディアの買収・合併と集中化 ………………………………129
　　　1.　国内的集中化（多元化のなかの成極化）………………………130
　　　2.　国際的買収（ボーダーレスな拡大）……………………………131
　　　3.　ベルルスコーニ（法規制と政治力の戦い）……………………132
　　　4.　ステンベック（独占終焉による新たな独占）…………………134
　　　5.　ベルテルスマン（マルチ・コンツェルン化と買収の軌跡）……136
　　おわりに …………………………………………………………………138

目次 v

第7章 コミュニケーション研究の源流と起点 …………………………140
　第1節 コミュニケーション研究成立の歴史的背景 ………………140
　第2節 3つの基本的論点 ……………………………………………143
　　1. 論点1：ヨーロッパ・ルーツ …………………………………143
　　2. 論点2：学祖四天王の脱神話化 ………………………………153
　　3. 論点3：初期コミュニケーション研究の
　　　　　　　ヒューポダイムの揺らぎ …………156
　第3節 見失われた倫理的次元 ………………………………………158
第8章 リップマン対デューイ論争の見取り図と意義 ………………167
　第1節 論争の焦点 ……………………………………………………167
　第2節 コミュニケーション観の落差 ………………………………169
　第3節 公衆論争 ………………………………………………………172
　第4節 世論論争 ………………………………………………………180
　第5節 民主主義論争 …………………………………………………185
　第6節 リップマンとデューイとの接合をめざして ………………190

索　引 ……………………………………………………………………201

凡　例

1. 注記は，各章の最後にまとめた。
2. 各筆者の言語感覚を尊重する立場から，あえて文体を統一しなかった。
3. 第1，6，7，8の各章における初出一覧は，下記のとおり。なお，その他の章は書きおろし。

　　第1章　「戦後日本におけるジャーナリズム論の展開」『東洋大学社会学部40周年記念論集』1999年　東洋大学社会学部

　　第6章　「ヨーロッパにおけるマス・メディアの変容」『マス・コミュニケーション研究』58号　2001年　日本マス・コミュニケーション学会

　　第7章　「コミュニケーション研究における源流と起点」『東洋大学大学院紀要』38集　2002年　東洋大学大学院

　　第8章　「リップマン対デューイ論争に関する若干の考察」『東洋大学大学院紀要』39集　2003年　東洋大学大学院

第1章　戦後日本におけるジャーナリズム論の展開

はじめに ―― 戦後ジャーナリズム論の特徴

　日本の近代ジャーナリズムは19世紀後半，明治維新とともに登場して以来，今日の成熟に到達するまで，多くの発展段階を経過してきた。そうしたジャーナリズムの発展と並行して，ジャーナリズムをめぐる論議もさまざまな展開を示してきたが，それらの論議は，第二次世界大戦（太平洋戦争）を境とする2つの段階に大分される。

　1868年の明治維新から第二次世界大戦の終了までに至る第一の時期におけるジャーナリズムをめぐる論議は総じて，思索的，理念的，かつ総合的な傾向を特徴としていたといってよい。それらの論議は主として，「ジャーナリズムとはなにか」といった問題をめぐって展開された。その意味で，戦前の論議はいわば，単一の路線に沿った形で展開されたとみることができる。

　第二の段階は，第二次世界大戦の終了とともに始まる。それまで日本には知られていなかった「マス・コミュニケーション」という概念がアメリカから導入され，この問題に対する経験的・実証的な諸研究が登場することになった。その結果としてジャーナリズム論も実証的な傾向を増大させるとともに，より多様な問題を追求するようになった。こうして戦後のジャーナリズム研究は，より錯綜した多線的な展開を示すようになった。

　しかも，新たに登場した問題の多くは今日もなお，最終的な議論の決着をみたわけではなく，引き続き論議と検討を求めている。本章は，戦後のジャーナリズムをめぐる論議で中心的な流れとなってきた主要な問題の展開を跡付けた

ものである。

第❶節　新聞編集権問題

　大戦直後に登場した重要問題のひとつは新聞の「編集権」をめぐる論議である。

　1945年の敗戦ののち，日本に駐留した連合国軍総司令部（GHQ）は，戦前のプレスを規制していた多数の法律・法令を廃止した。GHQのこうした政策に対応して，日本のジャーナリストはいちはやく労働組合を結成し，新聞社の民主化を進めた。その結果，少なからぬ新聞社において，戦前からの経営責任者たちが辞任に追い込まれたほか，一部の新聞では労働組合の主導により結成された経営管理委員会が，新聞の編集方針に対する決定権を掌握する事態が生じた。

　こうした事態に対しGHQが「過度の民主化」としてブレーキを掛け始めた状況を背景にして，日本新聞協会は新聞従業員による「民主化」運動に対抗する理論的装置として，1948年に「編集権の確保に関する声明」[1]を採択した。

　それは「新聞編集権」の概念を「新聞の編集方針を決定施行し報道の真実，評論の構成並びに公表方法を適正に維持するなど新聞編集に必要な一切の管理を行う権能」ときわめて包括的に規定するとともに，「編集権の行使」を「経営管理者およびその委託をうけた編集管理者」に一元的に帰属するものとした。そして「外部からの侵害」のみならず，「内部においても」定められた編集方針に従わぬものを「編集権を侵害したもの」として排除する，と宣言した。

　この「編集権声明」は今日まで廃棄されることなく存続しているものの，当時の状況により，外部からの編集権侵害より，労働組合などの内部的な勢力からの侵害の除去に重点があったとして，その内容の適切さに対し，繰り返し疑義が提起されてきた。

　このような最初の疑義は山本明によるものである。1962年の「編集権の形成

過程²⁾」と題する論文において彼は，編集権はきわめて攻撃的な労働組合の勢力を弱体化させる目的をもって採択された非常に特殊な思想的産物であると主張し，財産権の非合理的な拡張であると批判した。

1957年に山陽新聞が，近郊の市町村を併合する岡山市の100万都市計画を支援するキャンペーンを行ったさい，同紙の労働組合はこのキャンペーンに反対するビラを街頭で市民に配布した。山陽新聞は就業規則違反として労働組合の責任者を解雇，組合が裁判に提訴した結果，岡山地裁は1963年に組合員の復職を命じる判決を下した。裁判所は，労働組合は批判が事実に基づくものである限り経営方針を批判する自由をもっている，と指摘した。

山本は1964年に書かれた他の論考³⁾で，この判決は編集方針に対する内部からの批判の自由を認めることにより，事実上，編集権の全能性という聖域を否定した，と論じた。山本の議論は，この問題をめぐるその後の論議の基本的論点を提示した意味をもつことになった。

塚本三夫もこの問題について議論を展開した一人である。塚本（1976年）⁴⁾によれば，初期のジャーナリズムは何らかの主張を表明し，唱導するための手段であった。したがって，同じ新聞で働くジャーナリストたちはおしなべて，同じ社会的見解を共有しており，新聞編集をめぐる立場について深刻な分裂が起こることはなかった。ところが，新聞の規模が拡大していくに従って，同じ新聞社のなかで異なった主張やイデオロギーが衝突するような事態が生じ，その結果，内部的な統一を保つために，自社のジャーナリストたちの表現の自由に制約を加える必要が生じてきた。この制約を行使する装置が，編集権の概念にほかならないという。

1971年に起こった2つの事件が，さらに編集権の問題に対する注目を生むことになった。そのひとつは，朝日新聞社が，同社発行の週刊誌『朝日ジャーナル』の誌面内容を理由に，部門責任者の出版局長などを更迭し，編集スタッフを総入れ替えした事件である。『朝日ジャーナル』は，「桜画報」と題して，桜の花を前景に太陽が富士山の上に上がっていく画面を掲載し，そこに小学校の

教科書風に「アカイ　アカイ　アサヒ　アサヒ」という言葉を書き込んだ。これが朝日新聞に対する社会の誤解を招くものであるとして，大幅な社内異動をもたらした。

　もうひとつの事件は，同じく朝日新聞社発行の『週刊朝日』が，若い裁判官の資格取り消しを決定した最高裁の秘密会議の内容を暴露した記事を掲載したケースである。最高裁の抗議をうけた朝日新聞は，記事が基本的に真実であると主張したのちに，最高裁に対し，記事が不正確な情報と不適切な表現を含んでいたとして謝罪を表明した。

　これらの事件の結果，朝日新聞は新聞社の全出版物の内容を一元的に統括する制度として主筆制度を採用し，社長が主筆を兼ねることになった。

　この事件は再び，新聞協会の編集権声明の妥当性について議論を提起することになった。日本新聞協会発行の月刊誌『新聞研究』1971年11月号は，この事件にからめて編集権問題を特集，この誌上で朝日新聞の広岡知男社長は，日常的な業務のなかでの編集権は編集局長に委任されているとはいえ，最終的な決定権は社長に帰属すると論じた。一方，佐藤毅は，新聞の編集権は市民の知る権利にこそ奉仕すべきで，編集権を経営権の一部とする観念はきわめて不適切であると主張した。

　これらの論議ののち日本新聞協会は，この問題を検討するため，新聞経営者と外部研究者からなる研究グループを設置した。課題は海外における問題の現状を客観的に調査し，日本におけるこの問題への対応に役立つようなアイデアを提供することにあった。研究結果は『新聞の編集権』と題して1986年に発行された。このなかで芦部信喜は，所有権と経営権に基づいた編集権は「内部的プレスの自由」Innerepressefreiheit のような他のニーズによって制限することができる，と論じた。日本新聞協会がこのような書物を刊行したことは，この問題に対する新聞協会の立場が微妙に変化してきたことをうかがわせる。

第❷節　客観報道論

　第二次世界大戦の敗戦は日本の新聞に，ニュース報道はいかにあるべきかを考える自省の機会を与えた。1945年9月にGHQは，ニュースは真実のみを報道し，事実と主観的な意見とを完全に分離しなければならないと規定した「プレスコード」とよばれる新たなニュース報道のガイドラインを新聞界に提示した。その翌年には，日本の新聞の自主規律機関として日本新聞協会が設立され，自主規律コード「新聞倫理綱領」を採択した。この倫理綱領は，ニュース報道の基本的なルールは事実を正確，誠実に伝えることであり，記者の個人的な意見はニュース報道のなかに混入させてはならない，と規定した。こうして「客観報道」が，戦後の日本新聞界におけるニュース報道の基本的なドクトリンとみなされることになった。

　しかし，ほどなくして，客観報道の観念の妥当性に対し，疑義が提出されるようになった。そうした異論を生み出したひとつの背景は，ベトナム戦争や学生運動などの社会的コンフリクトの複雑で多面的な性質にあった。これらの問題に直面してジャーナリストたちは，単なる断片的な事実の伝達のみでは問題の本質を伝えることはできない，と感じるようになった。彼らはまた，これらの問題の全体像を伝える努力のなかでいずれの側にも立たずに中立を守ることは不可能とも感じるようになった。こうして少なからぬジャーナリストたちが，客観報道の非妥当性を指摘し始めた。その代表例に松岡英夫（1969年）[5]や伊藤牧夫（1971年）[6]の議論を数えることができる。両者ともに客観報道の原則を否定し，記者自身の立場を明確に表明する一種の主観報道を主張した。

　もうひとつの疑義は上前淳一郎（1977年）によって提起された。彼は『文芸春秋』1977年1月号に，朝日新聞のベテラン記者であった疋田桂一郎が書いた社内研究レポートを材料にまとめた論考を掲載した。[7] 取り上げた問題は，エリート銀行員が幼い娘を餓死させたとする裁判で有罪判決をうけたあと自殺した

事件である。この娘は知恵遅れで，身体的にも重度の障害をもっていた。銀行員の妻は出産のために病院に入院中であった。そこで警察は，銀行員が故意に娘を殺したとの疑いをもち，そのように事件を発表した。新聞は警察の発表を信じたばかりか，この事件を誇張，ドラマ化し，「エリート銀行員　障害のある娘を殺害」などの見出しを付けてセンセーショナルに報じた。

　しかし実際には娘は拒食症であり，それが死の主な原因であった。裁判所もこれを認め，殺人ではなく，娘の命を救うためにより適切な措置をとらなかった落ち度によって，軽微な罰を課していた。しかし銀行員は裁判所からの帰路，列車に身を投げて自殺した。それは，とくにマスメディアの報道によって，彼がすでに社会的にきびしく罰せられてしまっていたからである。新聞報道は，警察によって発表された事実を忠実に報道したという意味では，客観的であった。しかしながら，もし新聞がそれほどまでに警察発表に依存した報道をしていなかったならば，このエリート銀行員は自殺をしなかったであろう。

　上前は，疋田のこのような社内レポートの内容を紹介して，単なる警察発表の伝達を客観報道と同一視する最近の傾向を指摘し，これを客観報道の堕落と批判した。

　客観報道に対する第三の批判は，田中角栄元首相が航空機の輸入にからんでアメリカのロッキード社から収賄したとされた，いわゆるロッキード事件の報道から生まれてきた。捜査当局の発表に依拠するばかりの報道ぶりに対し，マスメディアは警察発表に全面的に依存するのではなく，みずからの力で，もっと深層にある事実にせまる努力をすべきだとの意見が登場してきた。「調査報道」という言葉が日本で広く知られるようになったのは，この事件に関連してのことであった。

　報道の基本的立場としての客観報道の観念は今日でもなお妥当性を失ってはいない。しかしながら同時に，あまりに単純な，視野の狭い客観報道へのこだわりは断片的な事実の伝達を生み出すのみで，現代社会の複雑な事件の全体像を提示することができない，との批判的見解も併存しているのが現状である。

そうした状況のなかで，共同通信元編集局長・原寿雄は『新聞研究』1986年10月号に掲載された論考「客観報道を問い直す」のなかで，悪しき客観報道主義が「発表ジャーナリズム」を生み出したと指摘した。この言葉は，政府など当局の発表自体は客観的な事実だとしてこれらの発表をただ伝達するだけの役割にとどまるジャーナリズムに対し，原自身が名付けた言葉である。原はまた，その反対の極にある主観報道の危険性をも指摘し，「新客観報道」の必要性を主張した。これは，対象となる問題を十分に均衡のとれた形で提示することによって，その社会的意味に対する的確な理解をもたらすような解説的報道を意味する。

客観報道の問題は今日もなお，日本のジャーナリズムにおける重要な課題として存続している。報道の「客観性」とは何かをめぐる論議がなおも必要とされている，といってよい。

第❸節　情報環境論的ジャーナリズム論

ジャーナリズム問題は価値判断を含む現実的な課題に結びついたものであるため，客観的理論化になじみにくい性格をもつ。しかし早くから，情報環境論的アプローチとよばれる客観的分析の流れがあった。

その先駆は清水幾太郎（1949年）による分析[8]である。それによれば，ジャーナリズムの主要な機能のひとつは人びとに直接的接触が可能な環境の外部にある世界で起こっている出来事を伝え，人びとの環境適応行動を導く役割をもち得る一種の情報環境を提示することにある，と論じた。これは，かつてリップマン（1922年）[9]によって提起された「疑似環境」概念のバリエーションのひとつともとらえることができるが，この清水の議論は，日本のジャーナリズム研究に新しい視点を提起することになった。

この論議は藤竹暁によって引き継がれた。藤竹は『現代マス・コミュニケーション理論』（1968年）[10]でジャーナリズムを，環境の変化について定期的に情

報を提供する活動と定義した。そして，ジャーナリズムの活動により提供される情報によって構成される環境のイメージが情報環境であり，ジャーナリズムの機能は，日々われわれに情報環境を提示することにあるとして，ジャーナリズムの環境造成作用を指摘した。

ところで，ジャーナリズムによって提供される情報環境はマスメディアによる情報の選択・編集活動の産物である。その意味で，ジャーナリズムによって情報環境として提供される出来事の姿は，つねに現実の出来事と同じであるとはいえない。むしろ両者のあいだには，常になにほどかの乖離があるといってよい。江藤文夫・鶴見俊輔・山本明（1972年）[11]は，報道された内容が実際の出来事といかに異なるかについて，数々の事例分析を通じて明らかにした。

さらに，もしすべてのメディアが特定の問題に報道活動を集中し，同時に起こっている多数の他の事件を無視してしまうならば，マスメディアによる環境提示活動は，人びとの現実認識と環境適応行動を大きくミスリードすることになる。新井直之（1979年）[12]は，主要なマスメディアのスペースと時間がすべてただひとつの問題に捧げられ，他の問題を扱うスペースと時間がほとんど残されなくなってしまうような状況を「総ジャーナリズム状況」と呼んで批判し，すべての重要な問題を適切にカバーし，われわれを取り巻く環境を十分に均衡のとれた形で提供するジャーナリズムの社会的責任を強調した。

こうして情報環境論的ジャーナリズム論は，ジャーナリズムの社会的責任の問題に結びついていくことになる。

第❹節　プレスの社会的責任論

ジャーナリズムはつねに，あらゆる方面から批判されてきた。「プレスの社会的責任論」が1947年にアメリカのハッチンス委員会によって提起されていらい，社会的責任の観念はジャーナリズムに対する批判の基本的な論点のひとつとなった。

日本の主要な新聞はすべて，基本的な編集上の原則を明記した社是・編集綱領の類をもっている。これらの編集綱領などに明記された原則のなかでもっとも多くみられるのが，「中立」と「不偏不党」である。

　中立性は抽象的な意味では理解することができる。しかし具体的な文脈のなかでは，何を意味するのであろうか？　このような疑問が研究者から提起され，日本新聞学会（現在，日本マス・コミュニケーション学会）は1958年の年次大会において，「新聞の中立性」と題するシンポジウムを開いた。このシンポジウムで日高六郎は，中立性概念の現実的な意味を分析した[13]。それによれば中立性は，具体的なコンテキストにおいては相互に矛盾する多くの意味をもっている。たとえばそれは，①全体的な政治状況がどちらの方向に揺れようとも，その全体的状況の真ん中に立つこと，②個別の問題については意見を表明しても，全体的な政治状況については判断を停止すること，などの意味を含んでいる。

　結論として日高は，日本の新聞の中立性とは一種の非決定主義だとみなした。と同時に，新聞がいかに明示的な主張を慎もうとも，現実政治のコンテキストにおいて党派的な役割を回避することはできないと指摘した。これは日本の新聞に対する，社会的責任論につながるもっとも初期の批判のひとつとみることができる。

　事実，戦後の日本の新聞は一般に，論争的な問題について明確な立場を表明することに躊躇してきた。「社説へそ論」「社説床の間論」などの批判的表現も，そうした状況を指摘したものである。しかしながら次第に事態が変わり始めた。一部の新聞が再軍備や防衛などの論争的な問題について，より明確に意見を述べるようになった。こうした状況は，プレスの社会的責任にからめた新聞批判を生む強い刺激となった。

　自己の意見を表明するようになったこれらの新聞は，いわゆる「現実主義」的立場をとる新聞であった。これらの新聞による「現実主義」的立場の鮮明化とともに，それと対極的な立場に立つ新聞に対し，不偏性の体裁をとりながら左翼的イデオロギーに傾いた記事内容によって，人びとに潜在的ながら強い影

響力を振るっているとする批判が登場してきた。批判の主要な対象は朝日新聞であった。

そのような論者の一人である辻村明は、次のような3つの観点から朝日新聞をきびしく批判した。それらは、①朝日新聞の論説はつねに反政府・反アメリカであったが、既成事実に屈伏させられる結果、しばしば矛盾を冒してきた。②朝日新聞はみずからの編集方針に合致したニュースのみを選択し、それに反するニュースを捨てるという偏向をみせてきた。③オピニオンページに登場する執筆者の選択は、左翼側に大きく偏っている、というものであった。

これらの批判は非常に論評的・論争的な性質をもっていた。しかし同時に、内容分析によって得られた経験的なデータに基づく実証研究的な性格も備えたものであった。

このあとメディアの社会的責任をめぐって広く注目される問題を提起したのは、テレビであった。それは、これまで主として娯楽メディアとしての大きな影響力が強調されてきたテレビが、報道の面でも新聞を凌駕するような影響力をもつにいたった状況を象徴する事件でもあった。

いわゆる椿発言問題とよばれる事件が、それである。1993年、テレビ朝日の椿貞良報道局長（当時）は、日本民間放送連盟が設置した研究会「放送番組調査会」の席上、自民党の長期支配が終焉し、新たに細川内閣が誕生した総選挙の報道について、自民党を敗北させ、55年体制を打破する方向で報道を行なうよう指導をはかったとする趣旨の報告を行ない、この内容を産経新聞（1993年10月13日号）が報道したことから、国会で論議されるなど、大きな問題に発展した。

その議論の中心は、放送法第四条に規定する「政治的公平」の問題であった。報道の政治的公平は取材・編集段階からの問題か、最終的な報道内容によって判断されるものか、の論点については、実際に報道された番組内容によって判断されるものだとの認識に収斂した。しかし、その報道内容が政治的に公平であるかどうかを判断するのは誰かの問題については、郵政省の判断によるとい

うのが当時の放送行政局長の見解であった。それに対し報道界や研究者からは，この規定はプログラム規定であり，報道当事者の自主的規律に待つほかに客観的な判断を下す判定者はいない，との見解を主張した。

現実には，椿報道局長が国会に参考人として招致され，自らの報告を荒唐無稽の考えであったと謝罪し，テレビ朝日は自社の調査結果を郵政省に提出し，郵政省は期間を1年に短縮してテレビ朝日の免許更新を認める措置に出た。

こうした経緯を通じて「政治的公平」とはいかなる内容をもつものか，憲法や放送法の保障する表現の自由との関連いかん，などの問題が提起された。ここには，客観報道，マスメディアの社会的責任など，メディアの報道をめぐるさまざまな基本的問題がからんでおり，ジャーナリズムの課題が複合的に提起される時代に入ったことをうかがわせた。

さらに1989年秋にオウム真理教を批判してきた弁護士の一家が失踪し，のちに教団が一家を殺害したと判明した事件は，失踪の直前にTBSが弁護士にインタビューしたビデオを教団の幹部に見せたことが明らかになって，放送界を揺るがすような大問題に発展した。TBSは最初，ビデオを教団幹部に見せていたとの日本テレビの報道を否定し，国会に招致されたTBS幹部も否定を繰り返したが，最後には社長が「見せていた」と告白，謝罪した。この問題も，放送の自由，社会的責任，報道倫理など，ジャーナリズムの基本にかかわるさまざまな課題を提起したものとして，多くの論議を呼んだ。[14]

第❺節 犯罪報道と人権

犯罪報道は従来からジャーナリズム活動のなかで，大きなウェートを占めてきた。犯罪は人びとの好奇心に強く訴える問題であるうえに，犯罪行為を公共に関する事実とみなす刑法条項（230条の2）を背景にして，メディアによって大きく扱われるのがつねであるところから，事件の当事者となった者は，容疑者，被害者を問わず広く社会の注目を浴びることにより，後の社会生活のうえ

で回復しがたいダメージを被るのが通常であった。

　こうした事態のもとで，ニュース報道の基本として広く承認されてきた実名報道主義に対するひとつの批判が登場した。それは当時共同通信の記者であった浅野健一によるもので，彼は1984年に一連の論考をまとめた『犯罪報道の犯罪』（学陽書房）において，犯罪報道における容疑者の氏名の掲載が，のちに無罪が証明されたとしても，彼らの社会生活を回復しがたいほどに破壊してしまう多くの事例を検討し，犯罪報道において容疑者が一般市民である場合には一定のレベルを超えた重罪でない限り，彼らの氏名を報道しないことを倫理的ルールとしているスウェーデンの事例を紹介して，日本の新聞も容疑者の実名を報道しないように提唱した。

　ところで，それ以前から，未成年の犯罪については匿名報道の原則が存在した。1949年に施行された少年法の第61条は，未成年の犯罪についての報道は氏名，容貌などにより，事件の本人であることを推知することができるような記事または写真を，新聞その他の出版物に掲載してはならない，と規定していた。

　しかし1958年に起こった小松川女子高生殺人事件が，被害者の所持品を捜査当局に送りつけたり，警察や新聞社に電話をかけるなど，犯人が挑発的な行動をとる異常な事件であったところから，犯人が高校生であったにもかかわらず，多数の新聞が少年の氏名を掲載する事態が生まれた。そのため同年，法務当局の警告をうけて日本新聞協会は「少年法第61条の扱いの方針」[15]を採択し，少年法の規定を尊重することを明言するとともに，①犯人が逃走中で凶悪な累犯が予想される場合，②指名手配中の犯人捜査に協力する場合，など社会的利益の擁護が強く優先する場合には例外として，氏名，写真を掲載するとの立場を打ち出した。しかしその後も，浅沼社会党委員長刺殺事件（1960年），中央公論社長邸襲撃事件（1961年），ライシャワー大使刺傷事件（1964年），ライフル少年事件（1965年），連続ピストル射殺事件（1969年），連合赤軍ろう城事件（1972年）など，例外事項に該当するためではなく，凶悪で衝撃的な犯罪との理由から，氏名を報道するようなケースが相次いだ。

浅野の問題提起は実名報道の賛成派と反対派の双方から多くの論議を引き出すことになった。全体的な状況としては，研究者側は浅野の提唱に賛成する傾向をみせたのに対し，新聞編集の現場からはむしろこれに反対の姿勢がみられた。この論議ののちも，日本の新聞の犯罪報道における実名原則自体がかわることはなかった。しかし，犯罪報道の実際においては，匿名報道の比率は明らかに増大していった。

これ以後，問題は3種の領域にわたる展開をみせた。

第一に，未成年犯罪については，次第に匿名原則の尊重が進んだものの，1997年に神戸で14歳の少年が，殺害した少年の首を中学校の校門前に放置した事件など，犯罪の衝撃性のゆえに，一部の雑誌があえて容疑者の顔写真などを公表するような事態が生じている。こうした決断は社会警告的な理由に基づく確信的な立場によるもので，ひとつの問題提起の意味をもつものでもあった。そうした状況に続いて，未成年による犯罪の兇悪度が増大しているとして，少年法の改正問題も提起されるにいたっている。

第二に，犯罪容疑者の扱いをめぐる問題のかげに隠れ，注目されることの少なかった被害者の人権に対する考慮の必要性が指摘されるようになった。1989年の女子高生コンクリート詰め殺人事件では，加害者の少年たちの氏名が秘匿されたのに，被害者の女子高生の氏名が報道されたところから，被害者のプライバシーを守ることの必要性が指摘された。1988年から89年にかけて発生した幼女連続殺害事件は，「今田勇子」の名前で犯行の告白が警察に送り付けられるなど，センセーショナルな事件展開となったため，当初は実名で報じられていた被害者の幼女たちの氏名を，途中から匿名に切り替える対応がみられた。

第三に，犯罪事件の容疑者や被害者のみならず，話題となった事件の当事者などについても，その私生活の実態や過去など，プライバシーにわたる部分が洗いざらい報道されることで，被害者の人権を全面的に侵害するような事態に，目が向けられるようになった。横浜で医師が妻子を殺害した事件では，テレビその他で妻の私生活が興味本位に暴かれ，東京電力勤務の女子社員が渋谷で殺

害された事件でも、この社員の私生活が週刊誌等の興味本位な報道の対象となった。このように、単に実名・匿名の問題にとどまらず、メディアの報道が当事者のプライバシーを容赦なく暴いてしまうような事態を生む状況に対する批判が高まり、「報道被害」[16]といった言葉も生まれるにいたった。松本サリン事件で第1通報者の河野さんが受けた被害は、すべてのメディアが河野さんを犯人視したまま、最後まで人権侵害の事態を改めようとしなかったことによるものであった。

おわりに——ジャーナリズム倫理への収斂

このように、今日までジャーナリズムをめぐって、さまざまな問題が提起されてきたが、その展開のあとをみると、2点に集約することができるように思われる。

第一は、時代とともに提起される問題が、多くの要素による絡み合いによって、多様な領域にまたがる複合的な構造を示すようになり、これらの問題の総体に対応し得るジャーナリズムの基本的な姿勢、あり方が問われるようになってきたことである。そして、そのようなジャーナリズムにとっての基本的問題が「倫理」の言葉でよばれるようになった。その意味で、今日のジャーナリズムが直面する課題は「ジャーナリズム倫理」問題に収斂していくということができるであろう。

第二は、従来ジャーナリズムをめぐる問題は主として新聞にかかわる形で提起されてきたが、近年になって、放送、雑誌などのメディアもジャーナリズム上の課題を提起するような状態が出現し、メディアの総体が議論の対象とされるような状況となったことである。さきの椿発言事件などにみられるように、テレビなどの映像メディアが問題の中心に置かれるような状況すら生まれている。

こうして今日のジャーナリズムをめぐる諸問題は、多様なメディアを包含し

たメディアの総体が，その社会的責任，報道姿勢，人権侵害など，多様な問題が絡み合った，錯綜した課題に直面する状況を呈しており，それらの課題は「ジャーナリズム倫理」の言葉で集約的に表現されるようになった，といってよい。

（廣瀬　英彦）

注
1) 日本新聞協会『取材と報道』日本新聞協会　2002年　238-239ページ
2) 山本明『現代ジャーナリズム』雄渾社　1967年　207-241ページ
3) 同書　297-333ページ
4) 塚本三夫『現代のコミュニケーション』青木書店　1976年
5) 松岡英夫「現代社会と新聞報道」『新聞研究』1969年10月号　15-19ページ
6) 伊藤牧夫「現代の『ニュース』と記者の主体性」『新聞研究』1971年4月号　17-21ページ
7) 『支店長はなぜ死んだか』文芸春秋　1977年に収録された。
8) 清水幾太郎『ジャーナリズム』岩波書店　1949年
9) Lippmann, W., *Public Opinion*, Harcourt, 1922.
10) 藤竹暁『現代マス・コミュニケーション理論』日本放送出版協会　1968年
11) 江藤文夫・鶴見俊輔・山本明編『事件と報道』研究社　1972年
12) 新井直之『ジャーナリズム』東洋経済新報社　1979年
13) シンポジウム「新聞の中立性について」日本新聞学会『新聞学評論』第9号　1959年　1-26ページ
14) たとえば特集「報道の倫理と責任」『マスコミ市民』1996年5月号
15) 前出『取材と報道』240-241ページ
16) 『報道被害』創出版　1991年

第2章 情報社会における脱工業社会論

はじめに

　情報社会といわれて久しい現代社会は，はたして脱工業社会であるのだろうか。少なくとも，ダニエル・ベル（Daniel Bell）が『脱工業社会の到来』を発表した1973年当時のアメリカ社会をベル自身は，工業社会から脱工業社会への転換期であると記している。しかしながら，それから約30年が経過しようとしている現在，アメリカ社会の現状は脱工業社会に至り，そして日本はアメリカよりも早期に脱工業社会へと変動したのであろうか。[1]

　本章では，ベルの脱工業社会論を中心として，まず，はじめにベルの主要な論文のひとつである『イデオロギーの終焉』論から産業社会論へのベル自身における関心の推移に着目し，冷戦構造などに代表されるイデオロギー対立の構造が弱体化していく過程と工業社会が脱工業社会へ変動していく文脈を分析することで，脱工業社会の経緯を明らかにし，その上で，脱工業社会と情報社会の関連性の問題においてベルが1980年代から用いている知識社会という用語をキーワードとして，脱工業社会と情報社会が同義のものであるのかについて検証する。[2]

　また，最後に脱工業社会論の考察時期に関して，工業社会から脱工業社会への移行における変動期間の問題および，産業社会における転換点のひとつと考えられている1995年以降のインターネットの普及現象などを考慮に入れ，この21世紀初頭が脱工業社会論を考察するのに適当な時期であるか否かを検証する。

第❶節　イデオロギーの終焉論から脱工業社会論へ

1. イデオロギーの終焉論における大衆社会論批判

　ダニエル・ベルは，大恐慌下の1932年に弱冠13歳の若さで青年社会主義者連盟に加入した。そして1930年代後半には，急進的な学生運動の拠点であったニューヨーク市立大学に進学し，ベテランの社会主義運動家として活躍した。しかし以後ベルの社会主義への情熱は急速に冷めていった。[3] したがって，ベルもまたその当時，全世界的に出現したマルクス主義者からの転向者の一人であった。そして，その後，ベルの関心は大衆社会論批判へと移っていったのである。

　1950年代当時のアメリカでは，大衆社会の概念は多くの社会学者に受容されていた。そこでの大衆社会論は，鋭い階級分裂によって特徴づけられる十分に発達した資本主義社会からアメリカ社会を区別すべく，それとは異なったアメリカ社会の特徴を明らかにするという努力に他ならなかったのである。そもそも大衆社会論は，論争的な意図のもとに展開されたものではなかったが，国際的には冷戦，国内的にはマッカーシズムという文脈で展開されていった結果，道徳的な緊急事態を告げるニュアンスが色濃くなっていった。

　そして，大衆社会論が次第に影響力を持ち始めるのと同時に，大衆社会論に対する批判も本格化していったが，そのメルクマールのひとつに，ベルが参加していた文化自由会議をあげることができる。

　ベルは，それらの経緯を踏まえ，後に1960年の著作『イデオロギーの終焉』のなかで，次のように述べている。「過去数十年の諸事件にともなう生活の根元的非人間化という感覚が『大衆社会』の理論を生むことになった。マルクス主義を別にするなら，大衆社会論は今日，西側世界において，おそらく最大の影響力をもつ社会理論であるといってよい。」[4] その上で，大衆社会論者の大衆像を①未分化な群れとしての大衆，②無能力者と判定される大衆，③機械化された社会と結びつけられた大衆，④官僚制社会と結びつけられた大衆，⑤モッ

ブとしての大衆、という5つに分類した。しかしベルによれば、それらはいずれも「現実世界の複雑にして、豊かに成層化された社会関係をほとんど反映していないし、またそれとほとんど関連もない」と指摘し、さらに大衆社会論は感情的非難であり、「歴史的志向性」を欠如した社会解体に関する科学的と独断された所説であり、貴族主義的な文化観をもっていると批判した。

そしてベルは、「『大衆』への恐怖は西欧政治思想のすぐれて保守主義的伝統に根ざしており、その伝統はいまなお社会理論の政治学的・社会学的諸範疇の大部分を——すなわち、リーダーシップの権威主義的定義や『愚鈍な大衆』というイメージとなって——形成している」と批判しているわけだが、このような一連の批判を通して、ベルは大衆社会論の仮説ではアメリカ社会を理解できないことを主張し続けたのである。

アメリカ社会の都市化、産業化、民主化は、無秩序とアノミー現象をもたらしたというよりも、数々の自発的結社、高度な教育水準および文化水準などを見ても明らかなように、「巨大な中流社会」をもたらしたとベルは考える。したがって、ヨーロッパの先例に基づく大衆社会論では、アメリカ社会は理解できないことになるのである。そして、この「巨大な中流社会」は、マスメディアによって緊密に結び合わされて、史上初の国民社会として存立するに至った。その社会は、それ以前のあらゆる社会とは質的に異なる社会であり、かつてのように上流階級の洗練されたマナーをもった人びとによって構成された社会ではなく、それぞれの社会的単位を構成する諸個人を含みこんだ社会である。さらにそこにおいては、文化の概念も再定義され、文化は道徳や芸術の洗練だけに留まらず、集団や民衆の行為的コード全般を意味するようになっているのである。

そもそも、ベルは大衆の出現を1920年代以降の大量生産、大量消費様式の成立との関連において把握し、そのプロセスにおいてプロレタリアートのブルジョア化が発生し、それに伴って、衣食住全般にわたって行為の嗜好や様式の変化が起こったことを大衆文化の本質であると考えている。したがって、ベルは大

衆社会の構成員がもつ経験はきわめて多様であると考え，多くの大衆社会論の問題点は，その経験の多様性を無視し，大衆社会を単一に規定しようとした所にあると考える。しかし，事態はまったく逆であり，社会のなかに組み込まれた大衆は，多様性を作りだしていたのである。

こうして，1920年代以降において，新しい生産－生活様式が成立し，多くの人びとが社会内部に統合され，多様な経験を享受するようになった事態を，大衆社会概念によってとらえることができないとすれば，いかなる概念によって規定すればよいのであろうか。こうしたベルの主張が，独自の産業社会論の構想に連関しているといえるのである。

2. 産業社会論のパラダイム

ベルは『脱工業社会の到来』第1章「工業社会から脱工業社会へ」において「資本主義工業社会の発展段階を図式化しようとすれば，われわれはマルクスの予言から始めなければならない」[6]との理由から，マルクスとの対話にその多くを費やしている。

しかしながら，その対話はすぐに難問に直面した。なぜなら，マルクスには発展段階に関する2つの図式があり，その後の社会発展理論はその2つの図式に対応して展開されているからである。マルクスは『資本論』第1巻32章において，社会発展の基本的図式を次のように述べている。新しい社会の構造，すなわち社会化された生産組織は，古い社会の内部に横たわっている。そしてこの新しい構造は，社会化された生産の性格と「資本の独占」から生じた「生産様式の桎梏」とのますます増大する矛盾を反映している。社会は少数化していく大資本家と増大の一途を辿る労働者階級に分極化していく。新しい社会の性格は古い資本主義的形態と相容れなくなり，ついには古い外殻を破って社会主義社会が到来する。これがマルクスの図式1である。それに対して，晩年のマルクスは『資本論』第3巻において管理者，技術従業員，ホワイトカラー労働者などの新しい中間階級の出現を論ずる図式2を用意した。

マルクスは一定の歴史的段階における生産様式を生産力と生産手段の所有の性格から生じる生産関係との対応形態であると定義していた。しかし，マルクス以降における所有と経営の分離，企業の官僚制化，職業構造の複雑化などの現象が財産支配と社会関係においてかつてははっきりとしていた図式をきわめて曖昧なものにしてしまった。さらに生産の集中と集積が商品生産に足枷として作用するというマルクス主義とは反対に爆発的な生産性の向上と技術の発達が発生したのである。まさしく，この社会関係の曖昧さと技術力の向上とが生産諸力に注目を集めさせ，資本主義と社会主義との区別に取って代わって工業社会の概念が生まれたのである。それはすなわち，技術に代表される生産力が財産に代表される社会関係に代わって社会における重要なパラダイムとなり，そこから工業社会の概念が生まれ，それにより資本主義は変化こそ免れないものの，その進路は社会主義ではなく国家統制社会ないしは官僚制社会の方向へ進んだといえるのである。

実際に，第二次世界大戦後のアメリカ社会は，少なくともダウ上場企業においては，同族資本主義が完全に崩壊し，私的な生産的財産が単なるフィクションになってしまい，プロの経営者や技術者が台頭し，そこに一種のプロフェッショナリズムを確立して，利潤と同等にパフォーマンスも企業幹部の主要なモチベーションとなり，さらには支配階級が崩壊して階級制度それ自体も曖昧なものになってしまったということが指摘できる[7]。

その意味でアメリカ社会を脱資本主義社会とよぶことはできるが，それを積極的にいかなる社会と規定することは，きわめて難しかったことからベルの模索はしばらく続いたのであった。そして最終的にその社会を脱工業社会と規定するようになったのである。

これまでみてきたように，私有財産，経済市場，資本と労働の対抗，そのいずれによって資本主義を規定するにしても，工業社会，さらにはそれからの変動をあらわす脱工業社会の概念は，資本主義の終焉とまではいわないまでも，資本主義の構造変化をあらわしながらも社会主義社会の到来が実現するのでは

なく，なにかまったく別の社会が到来することを示唆する概念である。

この脱工業社会の概念は，社会的枠組みの変動，すなわちわれわれは過渡期に生きているという認識を示唆する概念であるが，少なくとも1970年代当時においては，あまりにも先駆的な概念だったことから，あり得る事柄の論理的組み立てに過ぎなかったのである。

そこで，次に1970年代当時において，あまりにも未来を先取りした予言的言説であったといえるこの脱工業社会論のその当時の社会現状と来るべき未来社会の文脈から，当時におけるこの理論の限界についてもう少し深く考えてみることにしたい。その上で，しばしば混同されて語られている脱工業社会と情報社会の文脈における相違点についての検証を試みることにしたい。

3. 1970年代当時の脱工業社会論の限界

そもそも，ベルの脱工業社会論の先駆性とは，いかなる所にあるのだろうか。この問いに関しては，脱工業社会論の現代的意義を明らかにするためにも，あえて脱工業社会論のメルクマールとなっているベルの『脱工業社会の到来』が発表された1970年代時点における脱工業社会論の限界点について検証することが必要であると思われる。

ベルは，『脱工業社会の到来』のなかで「私は，主に，脱工業社会の社会構造上のおよび政治上の諸帰結に関心がある。(中略)努力の中心は，主に社会構造のなかでの社会諸変動を追跡することにある」[8]と述べている。これは，すなわちベルの現代社会論の基本が，①社会構造，②政治形態，③文化という3つの領域の分裂として把握するところにあったことを意味している。

前節でも確認した通り，ベルは，資本主義から社会主義への転換を予言した伝統的なマルクス主義の社会・経済的発展説と脱工業社会論を対照させ，資本主義的であれ社会主義的であれ，すべての産業社会で作用している多くの変化を確定する脱工業社会の基本的概念を主張した。そのなかでもっとも重要なものは，社会の官僚制化の増大とそれに結びついた合理主義的科学に基盤を置く

テクノクラート的エートスであると考えられる。この発展図式は、ベルの言葉を借りれば、ますます＜自然に対するゲーム＞ではなく、＜人びとの間のゲーム＞になりつつあり、経済の活動の性質における変容に結びついているとしている。

このように、マルクス主義の社会理論は、工業社会では辛うじて通用したが、脱工業社会ではまったく通用しないものであり、社会的パラダイムにおけるマルクス主義の全体性に対して脱工業社会論の普遍性が、より理論としての先駆性を示すところになっているのである。

しかしながら、その先駆性にも検証の点で問題があったことも確かである。それは、このあまりにも先駆的なベルの脱工業社会論は、いわば未来社会学に相当するものであり、その理論の検証に関しては、然るべき未来の到来を待たなければならないところにある。『脱工業社会の到来』が発表された1970年代当時のアメリカ社会の実状において、脱工業社会論は、その予兆の現状分析における効力はみせたものの、脱工業社会そのものの分析ならびに理論の妥当性における考察は、時間軸の関係で完全にはなされなかった。

実際、1970年代当時のアメリカをはじめとする日本などの先進工業国において、脱工業社会論は、アカデミックな関心以上に、むしろビジネスマンらの関心を多く集めたのであった。そして、また一方で、当時のとくに日本において大いなる関心を集めていた情報社会の概念や「ハードからソフトへ」という言説に合流し、脱工業社会論はビジネスにおけるキーワードとして流行するようなった経緯がある。

やがて、1980年代に世界的な潮流となったポストモダン論争において、一部のポストモダン論者たちによって、ベルの脱工業社会論の言説が用いられるようになった。[9] しかしながら、脱同族資本主義の観点から生まれた脱工業社会論そのものが、必ずしも、脱近代としてのポストモダン論のなかに組み入れることが、はたして適切であるのか否かについての検討は、いまだ本格的にはなされていないのが現状であるわけだが、ベルに限って言及すれば、ポストモダ

ン論争からそれ以後の経緯のなかで，一度でもポストモダン派に合流した形跡がみられないことからも，脱工業社会論は近代における理論として位置づける方がより適切であると思われる。

ここまでみてきたように，1970年代当時における脱工業社会論の限界は，その理論自体の先駆性ゆえに同時代的な検証が十分に行われていなかった点に求めることができるわけである。そのため，当時流行していたもうひとつの産業転換期における問題意識に裏打ちされた情報社会の社会観に必然的に合併され，とくに現代的な情報社会に関する文脈において脱工業社会は情報社会概念を構成するひとつの要素という形で位置づけられる結果となっているのである。しかし，脱工業社会論と情報社会の概念は，同一ないしは脱工業社会は情報社会に内包されるという概念としてとらえることが，はたして適切なのであろうか。次節では，とくにこの問題について注目し，脱工業社会論が情報社会の概念とにおいてどのような関連性があるのかに関する検証を試みることにしたい。

第❷節 脱工業社会論と情報社会

1. 脱工業社会論から導出される文脈と情報社会の関連

今日では一般的にも用いられている情報社会という用語は，いったい何を表わしているのだろうか。仮にこの情報社会と脱工業社会という用語が同義のものであるならば，ベルの脱工業社会論によると，新たに創発している社会秩序の中軸法則が理論的知識の中心性とコード化される時，その社会変動の指揮者としての新しい役割であるということになる。

先にも述べたように，ベルの脱工業社会概念は，社会における3つの部門（社会構造，政治形態，文化）のうちの社会構造（経済，技術，職業体系からなっている）の変化について扱うものであり，次の5つの次元をもっている。それらは，①経済部門（財貨生産経済からサービス経済への変遷），②職業分布（専門職，技術職階層の優位），③中軸原則（技術革新と政策策定の根幹としての理論的知識ない

しは科学が社会において中心的なものになる)、④将来の方向付け（技術管理と技術評価）、⑤意思決定（新しい知的技術の創造を使用する）ということになる。

しかし、ベルは1973年の時点では、前節において確認した先駆性における時間軸的限界から、この社会分析の5つの次元の相互関係を説明する一般理論を提示しておらず、ベルの議論は大体において社会的記述のコラージュに留まっていたのである。したがって、現在までのところ脱工業社会理論は、1973年当時において資本主義の限界を超えて集合的な秩序へと動いていく諸傾向を指摘する限りにおいてのみ統一性をもっているといえる。

脱工業社会論が残した社会図式とその命題および現状をあえて整理するならば、おおよそ以下のようになるだろう。それはすなわち、増大する専門－科学職層は二大階級の外側にあり、理論的知識が中心的な位置を占めるようになることは、生産性の中核にコストによっては説明することのできない要因がセットされることを意味し、市場メカニズムが機能しなくなることであり、未来志向は盲目的な市場の作用によって決定が行われることの不十分性を指摘するようになる。また、知的技術の発達は、合理的な計画の為に装置を提供することであろうと考えられる。これらは資本主義の基盤である個人主義、功利主義、市場によって形成される秩序を崩壊させることになる。脱工業社会においては、社会福祉や共同体の利害関心が個人主義や功利主義を従属させることになるわけであり、脱工業社会においてサービス・セクターが支配的になるということは、社会的なリアリティを新しい地平へと導くような根本的な変化をもたらすことになるのである。

つまり、これまでにも確認したベルの図式に従えば、前工業社会が人間と自然とのゲームであり、工業社会は人間と物との間のゲームであると仮定した場合、工業社会においては、人間によって作られた物が人間から独立して物象化された世界を作ってしまうことになるのである。これに対して、脱工業社会は、人間と人間の間のゲームであり、物象化された世界の克服および社会それ自体が人間の意識のネットワークによって構成されることを意味している。その帰

結は，社会主義の目標と同じような集合的な目的によって主導された合理的な社会である。しかし，脱工業社会の帰結が社会主義の目標と完全に同一でないところは，社会主義においては労働集約型であるのに対して，脱工業社会においては，集合化の契機を科学（知識集約型）に置いている点で明確になっているのである。

ベルは，情報を自由に交換し，知識という非強圧的な権威を尊重する科学の共同体の倫理に未来社会の萌芽を見い出したものの，科学が制度化ないしは官僚制化されている現代社会においてもなお，科学が統一性はおろか意識的な目的ですら提供することができないことを認めざるを得ないわけであり，情報社会と認識される現代においても脱工業社会は，未だ本格的には到来していないことになるのである。その意味で，情報社会の概念は，むしろ脱工業社会を構成する要素の一部であり，また工業社会から脱工業社会への転換期におけるマージナルな区分としてとらえることもできるのではないだろうか。しかし，ここではこの問題についての問題提起に留めることで締めくくることにして，次にこの問題提起に関する試論をベルの言説に準じて進めることにしたい。

2. 脱工業社会論における情報社会の視座

第二次世界大戦の終結は，同時に資本主義と社会主義を対立基軸とする冷戦構造の始まりをも意味していたといえる。戦後の復興は，やがて高度経済成長に移行し，時々の景気後退を迎えながらも経済的拡大再生産の坂道を先進諸国は登り続けてきたわけである。

経済における相対的安定期はアメリカで1950年代，その他の西側先進国でも1960年代であり，それは，大衆社会の成熟期でもあった。戦後における西側の資本主義社会の内容は，戦前のそれとは異なる高度産業社会へ突入したといえる。この高度産業社会については，ロストウ，C.H.カー，ベル，ガルブレイスらの言説があげられるが，それらは互いに微妙に異なるニュアンスを有するため，一編の論考で確認することが困難なことから，ここでは主にベルの脱産

業社会論に着目してその問題意識を抽出することにしたい。

　ベルの脱工業社会論を端的に言い表わすとすれば，工業の時代が終わり脱工業社会（postindustrial society）の到来とともに，財貨生産経済からサービス経済への転換が発生し技術的知識が社会において中心的役割を果たす時代の転換期を意識した問題関心であるといえる。

　それは，ちょうど産業革命における機械と工場を主軸とした工業社会の発生とその世界的拡大をほうふつさせる第三の産業革命ともいえる一大エポック的なスケールをわれわれに提示したともいえる。エネルギーによる工業社会から，情報による脱工業社会への変動は，ほぼ同義語としての情報化社会（informational society）への問題関心を生み，社会学においても情報社会学などの分野を開拓させた。そもそも，ベルが『脱工業社会の到来』を書いたのは1973年のことであった。当時のアメリカの産業構造は，すでに第三次産業の労働力が全体の割合で六割以上，GNPにおいても六割以上の割合を示していた。ちなみに日本において同訳書が発行されたのが，その2年後の1975年であった。当時の日本では，同著は社会学の問題関心というよりも，むしろ近未来社会の予言の書として多くの関心を集めたが，アメリカにおいては，それは予言などではなく，当時の現状を分析したものであったといえる。

　それは，1969年のアポロ11号の月面着陸成功による工業時代における巨大科学の絶頂期であるのに対して，70年代という時代は，社会の変容が静かに進行しはじめる転換期であるという問題意識に支えられていたところが大きいのではないかといえる。

　そして，この工業時代の転換期という問題意識は，資本主義体制において特有なものであり，社会主義体制においてはソ連の崩壊による冷戦の終結まで事実上何の関連性ももたなかったのである。それは，工業の時代の思想としてのマルクス主義が唯物論や弁証法に裏打ちされた理論として，資本と労働力の分離を喝破し，労働を重視したわけであるが，その工業の時代を背景として成立した社会主義ないし共産主義が，規格化された製品を大量生産する近代工業社

会に対して構想されたひとつの未来図でしかなかったことと深く関係していたといえる。

　生産と消費の関係を計画経済の下で、善意の少数者が科学的に決定できるという科学主義が社会を硬直化させ、やがては体制自体を崩壊させたという事実は、工業中心の時代の終焉を決定的に裏付けるものであるといえるのではないだろうか。

　ベルの当時の現状認識と理論枠組みは、マルクス主義における「社会とは全体的なものである」という構造・機能主義と異なる3つの個別領域の相関関係、すなわち技術や経済などの社会構造と政治形態、そして文化が分裂した全体的ではない社会こそが現代社会であるというものだった。

　そして各々異なった尺度に対応し、異なった変化のリズムをもち、むしろそれらは、相反しているとさえいえる異なった中軸的法則に支配されている様相をとらえたわけである。その中軸的法則について言及すると、それは社会構造におけるビューロクラシーであり、政治形態においては合法性と参加、文化においては自我の達成と高揚のための表現的象徴主義であるといえる。

　とくに、社会構造についてベルの『脱工業社会の到来』での技術・経済の時期を工業社会以前と工業社会と脱工業社会に区分した歴史的変遷をまとめると図のようになる。

　図2-1の内容について、工業社会と脱工業社会における特徴の違いについて述べると、財貨生産経済からサービス経済への移行こそが、17世紀の産業革

図2-1　理想型としての社会構造の比較図式（『脱工業社会の到来』の総括として）

	工業社会以前	工業社会	脱工業社会
資源	原材料	エネルギー	情報
様式	採取	製造	加工処理
技術	労働集約的	資本集約的	知識集約的
構図	対自然ゲーム	加工された対自然ゲーム	人間相互間のゲーム

出典：ベル,D. 林雄二郎訳『資本主義の文化的矛盾』下　1976年　218ページ

命以来の一大転換であるということだといえる。すなわち，職業分布における専門職や技術職階層の優位化，絶えざる技術革新と政策策定の根幹としての理論的知識社会の中心性の高まり，技術管理と技術評価による将来の方向付け，そして新しい知的技術による意志決定といった事柄が，従来の工業社会における資本そのものの発言権を奪い，知識が資本に対して助言を与えながら，やがては知識そのものが発言権を手に入れるという社会的構図を示唆しているわけである。

しかしながら，脱工業社会は工業社会にとってかわるまったく新しい社会ではないということを最後に触れておかねばならない。それは工業社会が発生したことにより工業社会以前からの農業社会が消滅しなかったことと同じ意味であり，むしろ工業の時代の産物である機械化の導入による農業人口の減少化と反比例する収穫量の増大化という現象を生み出したわけである。脱工業社会においても，その意味はほぼ同じであるといえる。知識や情報による効率的な工業社会という多品種少量生産の時代への移行は，工業人口の減少化と反比例する工業における収益の増大化と，その一方における情報・知識産業人口の増大化と社会におけるその中心的地位の向上こそが脱工業社会の到来という問題意識の本質であったといえる。このような点において脱産業社会論の視座は，資本主義の新局面を分析する理論として新保守主義的な性格が強いともいえるが，ベルにおいては，この延長線上に続く『資本主義の文化的矛盾』で「公共家族」というユートピア色の濃い理論を展開したのである。

3. 発展段階論の効用と限界

脱工業社会という概念は，発展段階論的な系譜に属する，新しい包括的な社会概念である。それは産業革命以前の前産業社会（preindustrial society）→産業社会（industrial society）→脱工業社会（postindustrial society）という社会発展の一般的な枠組のなかで，産業社会の次の段階の社会の性格，構造などを把握しようと意図しているものであるといってよいであろう。脱工業社会

という用語，とくに接頭語的に用いられている「脱-」という語は，日本語の従来の用語法からすればいささか奇異な感じがするが，これはもともと原語の"post-"という接頭語を日本語に置きかえるための苦肉の策——私自身はこの訳語をあまり好まないが——として使用されはじめたものである。"postwar"を「戦後」と訳すように，本来"postindustrial society"という用語は，もっとも素直に訳せば，「産業社会後の社会」というほどの意味になる。段階論的な発想，ないしは時期区分的なニュアンスをやや強調すれば，「産業社会の次の段階の社会」ということもできよう。だがこれではいささか長ったらしくて"post-"という接頭語の簡潔な表現法と少しずれてくるし，かといって「後産業社会」では，「後石器時代」というような在来の用語法からいって「産業社会の後期」という意味に誤って解釈されかねない。「超産業社会」という訳語も提案されたが，これでは産業社会がますます超高度化するようなイメージだけが強くて，転換のニュアンスがでない。こういった諸事情のなかから，「脱工業社会」という用語がしだいに，より一般的に用いられるようになってきた——これがこの用語の簡単な由来である。

　ではなぜ，preindustrial→industrial→postindustrialというような非常に巨視的な発展段階論的な社会構造概念が必要とされるようになってきたのであろうか。この問題に対するひとつの説明は，従来の経済発展段階論ないしは社会発展段階論の理論的枠組ではとらえ切れないような各種の構造変化の進行である。たとえば，ロストウ流の経済成長の5段階説では，その成長の最後のステージとして高度大衆消費時代（age of high mass consumption）が置かれているが，高度大衆消費時代の将来に関してはあまり突っ込んだ言及がない。そのうえ，ここで考察されている構造変化は物的な生産と消費に限定されていて，いわゆる知識・情報の生産，分配，消費といった側面からする変化はほとんど扱われていない。経済成長によって促進されつつある各種の社会変動——豊富化，余暇の増大，情報化の進展，都市化，組織化，国際化，環境問題と関連したエコロジー重視の傾向，生涯教育，価値観の多様化，多元的デモクラシー

への傾向などをシステマティックにとらえるためには，どうしても新しい社会構造概念とアプローチが必要である。こうした問題意識が経済学と社会学の境界領域あたりを中心にしだいに強まり，やがて先進産業社会における前述のような社会変動を理論的に把握するには，それを産業社会内部の小段階区分としておさえるよりは，むしろ前産業社会から産業社会への転換にも相当するところの，産業社会から「産業社会の次の段階の社会」への転換として考察してみることの方が適切ではないかという考え方になってきたのである。しかし，この「産業社会の次の段階の社会」に特定の名称を与えて性格を限定するには，変化はあまりにも複雑かつ大規模であるし，しかも変化は現在なお進行中で，その方向を見定めることにはさまざまな困難がともなう。また経験科学の方法からいっても，未確定の領域である将来の社会形態についてあまりせっかちな性格づけを与えてしまうことには問題がある。こうしたことから，むしろ単純に postindustrial society としておいて，その性格規定を将来にゆだね，多くのアプローチをいれうるようオープン・ハンドにしておいた方がよいのではないか——こういう考え方も作用したことは否めない事実である。つまり，ある程度，フレキシブルな概念として，postindustrial society という概念を使用しつつ，経験と研究の進展とともにこの概念の構造を組み立てていこうというわけである。その意味で，postindustrial society という概念は完成概念というよりは未完成概念であり，確定概念というよりはきわめて多くの不確定性をともなう概念なのである。「脱工業社会」という用語の与えるあいまいさ，多義性，不安定性は，おそらくこうした事情によるものといってよいであろう。だがそれだけにこの概念は可塑的であり，経験科学の方法に則した手段概念だということもできるのである。

　しかし，およそすべての発展段階論的アプローチがそうであるように，脱工業社会に関する議論にも注意すべき限界と誤用がありうる。それは，①厳密な実証的，理論的研究を経ずに一般的なグランド・セオリーとして乱用されやすいこと，②ある新しい傾向のみを一面的に過大評価し，分析，評価における他

の傾向や側面とのバランスを失しやすいこと，③事実認識と価値判断が混同されやすいことなどである。しかし，こうした点に十分に留意するならば，脱工業社会という段階論的アプローチは，現代社会の変動過程を分析するうえに有効なひとつの視座を提供するものといってよいであろう。

4. 脱工業社会論の理論構成

前産業社会から産業社会への転換をもたらしたものは，産業革命（industrial revolution）とよばれている長期にわたる革命であった。この革命は狭義には生産技術上の変革であり，より一般的には，広範囲に及ぶ社会革新であった。農業を主導的，支配的な産業部門とする経済社会から，工業を主導的，支配的な産業部門とする経済社会への転換が変化の根幹をなしていた。そしてこの社会的生産の領域における変化を主軸として，変化は制度から価値観にまで，広く社会組織の全分野にわたったのである。

ただここで注意しておく必要があるのは，産業革命と同時に工業が農業にとって代わったというわけではないということである。ましていわんや，産業革命と同時に農業がなくなってしまったり，それがすべて工業によって代替されたというわけのものではない。農業セクターと工業セクター，あるいはより広い社会構造のなかでの前近代的部分と近代的部分は，複雑な重層的構造をなして発展していくことになるのである。

たとえば，農業と工業の比率をみるためのひとつの指標として，農業を中心とした第1次産業の就業者数と製造業を中心とする第2次産業就業者数との逆転が生じた時点（X交差時点）をみると農業と工業との比率に表わされるような構造変化は，かなり長期にわたる歴史的過程であって，これと同様の視点は工業社会から脱工業社会への転換についても必要なものである。つまり，脱工業社会では工業はなくなってしまうとか，工業は不要になってしまうとかいうような議論はまったく有害無益なのであって，むしろこの転換を工業社会の一定の成熟の基盤のうえに生じた長期にわたる構造変動として分析することが大

切なのである。

　先にも述べたように，前産業社会から産業社会への転換をもたらしたものは，産業革命と総称されているが，しからば，脱工業社会論は産業社会から脱工業社会への転換を何に求めるのであろうか。この問題に関しても確立された定説があるわけではないが，一般に情報革命（informational revolution）をもってこの転換の始まりとみなす論理構成が多いといってよいであろう。ここで情報革命とは主として第二次世界大戦後に起こった情報処理分野における革命的変化の総称であって，①通信，計算，制御の諸分野における技術革新，②情報科学の成立につらなる科学革命，③これらの影響のもとに進展する社会革新，組織革新，の3つの面をもっているものということができる。ここでいう情報革命に比較的近い意味で用いられている用語に，「第二次産業革命」「オートメーション革命」「サイバネーション革命」「知識産業革命」などがある。本章では，情報革命の技術革新としての側面，科学革命としての側面には立ち入らずに，経済社会構造の変化を中心に，社会革新としての側面について考察を進めることにしたい。

　産業社会から脱工業社会への構造変化を分析するための第一のアプローチは，知識産業（knowledge industries）[11]の成長を主軸にする産業構造の変化の分析である。ここにいう知識産業とは，なんらかの物的生産，物的流通を主たる業務とする産業とは違って，知識，情報，技術などの生産，流通にたずさわる産業のことである。F.マハループの分類によれば，知識産業には，①研究開発，②教育，③マス・コミュニケーション・メディア，④情報サービス，⑤情報機器，の5つのサブ部門が含まれる。

　マハループが最初に試みた知識産業の実証的研究（1958年のアメリカに関するもの）の結果よると，同年のアメリカの知識産業の総生産額は約1,630億ドルで，GNPの約29％に相当している。また，G.バークが1963年について行った調査では，知識産業の総額は1,950億ドル，GNPの33％に達し，この両調査の間の6年間の知識産業の成長率は1.52倍となっている。

マハループの先駆的業績を契機として，知識産業の理論的，実証的研究が急速に進みはじめ，日本の知識産業についても種々の試算が行われるようになった。[12]

知識産業がGNPのなかに占める比率は1960年に13.6％，1965年に15.7％であるが，この比率は1975年には25％に達するものと予測している。

知識産業の全体ならびに各サブ部門別の規模，成長率などの測定に関しては，現行の統計処理からすると少なからぬ困難な問題がある。したがって，ここにあげた数字は，いずれもその制約をまぬがれないものであり，その意味で tentative なものであるが，ここでは，その細部には立ち入らない。脱工業社会論の理論構成上のひとつのポイントが，知識産業の産業構造のなかに占める比重の増大にあるということがさしあたりここでの論点なのである。

脱工業社会論への第二のアプローチは，知識職業の分析である。人口の職業別構成の変化は社会構造の変化を分析するにあたってのきわめて重要な視点のひとつである，すでにふれたように，前産業社会から産業社会への転換に関しては，人口の職業別，産業部門別構成のなかに占める農業人口，あるいは第一次産業就業者比率などの減少が注目されていたが，脱工業社会への転換過程で着目されるのは，①第3次産業就業者の量的・質的変化，②いわゆるブルー・カラー／ホワイト・カラー比率の逆転，③専門的・技術的職業に従事する人口の増加（科学者，技術者数の増加，知識産業就業者数の増加などを指標に取ることもできる），④高等教育人口の増加，などの変化である。

産業構造全体のなかで，いわゆる知識産業，情報産業が占める比重だけを考えるという部門別アプローチをとる場合の短所のひとつは，知識産業以外の産業分野をも含めて，産業全体を通じて進行しつつある情報化，つまり，あらゆる産業部門において知識，情報，技術の獲得，伝達，応用にたずさわる人口が増加しつつあるという点を見落としてしまうという点にある。知識職業の分析という視点はこの短所をカバーしつつ，各企業がより研究集約的（research-intensive）ないし研究開発志向的となり，社会全体がより高度の知識社会に向

かい,「教育ある社会」(educated society) に向かっていく状況を示すことができる。

脱工業社会論への第三のアプローチは，家計消費支出のなかに占める情報係数の増加という観点から，消費生活の構造変化を分析するというアプローチである。

かつて，社会全体の所得水準が低く，家計支出の大部分が，衣食住のミニマムな条件を満たすための生存費に当てられていたような時代には，たとえば，エンゲル係数というような指標が生活構造を分析する指標として十分に有意味でありえた。しかし，所得水準の上昇に伴って，生存費を越える「自由選択的購買力」が増大し，それとともに先のエンゲル係数のような指標は，生活構造の変化をみる指標としてあまり役立たなくなってきたといえる。その結果，家計の消費支出構造の変化を分析するために，①基礎的消費と選択的消費の区分，②都市的消費として，大都市への集中度の高い上位10費目——高級酒類，家賃地代，洋風飲食物，外食，肉類，パン類，服飾品，和服類，レジャー用品，化粧品類——を選び，それが消費支出に占める割合を都市化係数として計算する，③耐久消費財の普及率，ないし保有率，④消費支出のなかの雑費の割合を計算する，⑤家計消費支出のなかから情報機器の購入，教育教養関係支出，交通・通信費，レジャー費など，直接に情報処理に関連する費目を選びだして情報費用を算出し，その全消費支出に占める割合を情報係数とする，などのことが試みられている。しかし，これらの試みはいずれも現行の家計調査の統計資料上の制約と，理論上，未解決の問題があるために，いまなお試行錯誤の段階といってよいであろう。だが，こうした新しい視点からする家計の支出構造の分析が始まっていることは意義深いことである。[13]

―― 第 ❸ 節　現代社会における脱工業社会論 ――

1. 脱工業社会論と情報社会論の関係について

　わが国において「情報社会」という語が頻繁に用いられ始めたのは，1960年代後半から70年代にかけてであった。その後1970年代から80年代にかけて，「高度情報社会」という語も用いられるようになる。現在では，一般的に広く用いられるようになったばかりでなく，現代社会を読み解く上でのキーワードとしてあらゆる学術分野において研究が盛んに行われる領域になった。しかしながら，理論的に「情報社会」という語を用いる場合，主にそれを専門領域としている，いわゆる情報社会論においても，情報社会，情報化社会という語が意味するところのものは多様であり，時代や論者によって多種多様に変化しているといえる。

　しかしながら，情報社会論における主要な論点をあげれば，大体において以下の論点に収斂される傾向にあるといえる。それはまず第一に，情報社会とは，コンピューターに象徴される情報関連技術が発展し，情報関連産業が社会経済において重要な位置を占める社会であるという見方であり，また第二に，情報社会とは，テレビからコンピュータ・ネットワークに至るまでの多種多様なコミュニケーション手段による情報ネットワークが形成され，それらが人びとの意識や文化に多大な影響を与える社会であるという見方である。さらにまた，1980年代以降，欧米や日本などの情報先進国における一般的な風潮として，行政や企業が情報社会論を主導する傾向がみられることも度々指摘されている。そこでは，新しい情報技術が社会を発展させ，未来を切り開くといった，楽観主義的，あるいは技術至上主義的な論調があまりにも支配的になりがちであるといえる。現状として，主に情報における物象的な側面を多く担う，理系分野が情報社会をリードしており，文系分野からのアプローチは，それほど活発化されていないのである。情報の領域においては，より学際的な研究がなされる

べきであり，その上で文理両分野からもアプローチしやすい産業というテーマに着目したベルの理論は，文理の融合におけるたたき台として，非常に適当なものであると評価できる。

ベルが「脱工業社会」という概念をはじめて本格的に定式化したのは，1962年に米国ボストンで開かれた「技術と社会的変化をめぐる討論会」のために準備された，未公開論文であったという。その後ベルの理論は，1960年代後半に日本にも輸入された。そしてある意味では，ベルの脱工業社会論が日本において受容され，日本の状況に即したかたちに変形されたものが，当時の情報社会論であったといってもよいだろう。

そのような経緯から，「情報社会」の概念は，日本において，日本社会の状況にあわせて生み出された概念であったということがいえる。そして1970年代から1980年代にかけて，和製英語としての「information society」が日本から逆に海外に輸出され，海外においても用いられるようになるのである。

そしてその「information society」の内実を表すものとして，ベルは「knowledge society」という語を用いている。日本ではその直訳として「知識社会」という語で流通しており，その詳細は，ベルの1995年の著作『知識社会の衝撃』に収められている。つまり，ベルは脱工業社会概念の当初から「知識」と「情報」を区別して考えていたのである。

脱工業社会における「知識」の位置付けについて，ベルは次のように述べている。「明らかなことだが，脱工業社会は二重の意味で知識社会である。第一に，技術革新の根源はますます研究開発に由来するようになっている（より直接的にいえば科学と技術の間には，理論的な知識が中心をなしているため，ひとつの新しい関係が生じているのである）。第二に社会の比重は国民総生産より大きな比率を占め，雇用のより大きな割合を占めるという点からはかって知識の分野で増大しつつある」[14]。まずここで，ベルが用いている「知識」という語について確認しておく必要がある。ベルは，「知識」を次のように定義している。「『知識』とは，論理的判断や実験結果に基づく，事実や理念についての

体系だった陳述であり，ニュースやエンターテイメントとは区別されるものである。さらに『知識』とは，ある生産者に帰属する（著作権のようなかたちで）ものであり，それにたいして金銭的報酬が支払われるものである」[15]。

これに対して「情報」とは，ベルによれば「『最広義のデータ処理』の対象であり，給与簿の記録，飛行機の予約状況から世論調査，国勢調査の結果まで，広範囲のデータ，データベースを意味するものである」[16]という定義がなされていることから「知識」が「情報」に対して上位にあることが，ベルの概念のなかに読み取ることができるわけであり，ツールとして「情報」を駆使し，価値としての「知識」を生産していくというプロセスが価値生産のモデルとして位置付けられているのである。

そして，知識社会に関するベルの議論においてまず注意すべきであるのは，そこにおける「知識」の意味がかなり限定されたものであるという点であろう。ベルのいう「知識」とは，「理論的知識」あるいは「科学的知識」，「専門的知識」など，いずれにしてもある程度体系化された知識を指すものであり，日本語の「情報」という語が含むものと比べると，その内容はかなり狭いものである。知識社会の特徴のひとつとして，ベルは技術革新に寄与する理論的知識が社会において中心的な役割を果たす点をあげている。つまり，組織的な研究開発によって生み出される科学理論が，先端技術に直結し，製造部門を主導するようになるという点である。これは，とりわけ高分子化学，光学，エレクトロニクス科学，テレコミュニケーションに関連する領域において顕著になるだろうとみられているトレンドである。そして，そうした理論的知識を生み出す大学，研究機関などの学界が，社会において重要な地位を占めるようになるだろうとベルは述べる[17]。

さらにベルは，先の引用文において「第二に」として述べられたように，知識社会のもうひとつの特徴として，知識の分野の比重が社会において増大するという点をあげている。これは脱工業社会論において，より広い文脈として，財貨生産中心の社会からサービス中心の社会へという変化としてとらえられて

いる。

つまり，国民総生産においても労働力においても，農業や工業よりもサービス業が大きな割合を占めるようになるという変化である。この場合，「サービス」には，小売業などの対個人サービス，金融業や不動産業などのビジネス，運輸・通信業や公益事業なども含まれるが，知識社会ないしは脱工業社会において，とりわけ増大するのは，教育や医療保健関連などの「人間関連サービス」および，システム分析やシステム・デザイン，情報プログラミングや情報処理にかかわる「プロフェッショナル・サービス」である。そして，こうしたサービスに従事するためには，それぞれの分野に関する「専門的知識」が必要とされるわけであり，それがまた「知識社会」といわれるゆえんでもある。

2. 脱工業社会の特質と問題点[18]

前節では，脱工業社会論の理論構成を，主として「情報化」の分析に焦点を合わせて解説してきた。ここで補足しておかなければならないことは，以上述べてきた「情報化」の前提条件として，工業化の進展にともなう「豊富化」と「レジャー化」の2つがあるということである。工業化の進展は，労働人口1人当たりの生産性を飛躍的に上昇させ，社会全体に豊かさと余暇の増大をもたらす。そして，この事情は次のような問題を高度工業社会に提起する。第一に，生産性をいっそう増大させていくためには各種の省力化，オートメーション化が必要であるが，こうした省力化，オートメーション化を支えるのは発達した情報機器と情報システムである。したがって，生産性のいっそうの向上は知識産業，情報産業の発達なしには考えられない段階にきつつある。第二に，高度工業社会を支える各種の技術は高度のブレーン・パワー（頭脳力）を要求する。新しい産業，新しい技術のイノベーションのためには，なおさらそうである。創造性，システム的思考などを含む高度のブレーン・パワーこそが，次の発展段階を左右するもっとも決定的な要素になりつつあるということである。

第三に，豊かさと余暇の増大は，万人に高度の知性と感性を身につける機会

を提供する。コミュニケーションの発達，教育の普及・発達，生涯教育への転換，などは，幼児期から老年期にいたるまで，人間の多様な個性の開発を可能ならしめ，社会全体を高い知識水準に到達させる。高度化するのは知的水準だけではない。自由選択的購買力と自由選択的時間が増大するにつれて，消費者は明らかにより感覚的要素を重視するようになってきている。たとえば，貧困な時代における衣服にあっては，寒さから身体を保護するという生存目的に最大の比重がかけられていることは疑いない。しかし，豊かになるにつれて，衣服のこうした物質的ないしは物理的機能は重要度が相対的に減少し，これに代わって，衣服の情報機能，シンボル機能の方がより重要度を帯びてくる。極端にいえば，若者文化のなかでの衣服とは，自己表現のためのメディアであり，まさにかれらはファッションやフィーリングを着ているのである。

　このような，いわゆる「ファッション化」の傾向は衣服からインテリアへ，さらにエクステリアへと及び，生活様式全体に及びつつある。デザイン重視の傾向，視覚，聴覚，味覚，嗅覚，触覚など，人間のもつあらゆる感覚をトータルに楽しもうとする傾向が拡大しつつある。豊かさと余暇の増大にともなう生活重視の傾向，精神的ゆとりの復活，手工芸の復活などが，カラーテレビの発達，4チャンネル・ステレオの登場などメディアの多様化とともに，こうした感覚時代の到来を促進している。

　第四に，このような生産生活から消費生活に至る変化が，価値観の大きな変化をもたらしつつある。それは一方における合理的思考の拡大，多様性尊重の傾向の増加と他方における感覚享受型の遊びの精神の高揚，「生活の再発見」への傾向である。生産至上主義から生活優先への移行を伴いながら，余暇生活中心の考え方や仕事そのものを充実した遊びとしてとらえなおすという方向への考え方の変化が進行しているのである。この意味で，脱工業社会の支配的価値は，かなり安定志向的，享楽的，多様性志向的になることが避けられないであろう。

　以上，脱工業社会の特質を高度選択社会，高度知識社会，ないしは高度感覚

社会という方向でみてきたが、いうまでもなく、脱工業社会もまたいくつかの、それに固有の危険ないし、マイナスの側面を内包している。脱工業社会の特質は前述のようなプラスの可能性の側面と同時に、予想される（あるいはすでに現実化しつつある）マイナスの可能性の側面の考察をもあわせてはじめてある程度トータルなものとなりうる。プラス面だけの議論も、マイナス面だけの議論も、いずれも一面的なものとならざるをえない。

脱工業社会においてとくに顕在化すると考えられる問題点を簡単に列挙すると、次のようなものがあるといえよう。

第一に、社会生活のあらゆる領域における選択の自由度の増大は、各個人により高い選択能力を要求する。もしも、各個人が高い選択能力をもっていないならば、選択の自由度の増大は、いたずらに個人を当惑させ、混乱におとしいれることになる。たとえば、情報を例にとってみよう。情報量の増大は個人個人を巨大な情報の洪水のなかに投げ込み、かえって個人を方向感覚の喪失に導きかねない。したがって、重要なのは単に情報の量を増大させ、いつ、いかなるところでも情報に接することができるようにするだけではなく、各人の情報処理能力を高度化するように努力することである。

第二に、高度の選択性が存在していることの結果として、一般に、脱工業社会は個性化、多様化の傾向を強める。多様なものの考え方、趣味嗜好、生活様式、行動様式、価値観がカラフルに共存している社会のなかに、快適な社会生活を営んでいくためには、どうしても開かれた価値観、多元的な価値観が必要となる。また制度の面でも、従来のともすると一元的なものになりがちだったデモクラシーを越えて、多元的デモクラシーへの成熟が必要となる。こうした条件づくりをしていかないと、多様化の増大は社会的利害対立の激化をもたらし、社会的混乱を助長することとなりかねない。

第三に、脱工業社会における情報化の進展は、人間をとりまく情報環境を大きく変容させる。情報量の増大、一時性の情報環境は、ともすると各個人を情報過重荷（information overload）の状態に追いやり、その結果、各種の神経

症状をひきおこす。さらにまた，マス・メディアによる異常情報の過度拡散傾向は，現実認識の歪みをつくりだし，人びとを高い欲求不満状態に追い込みやすい。また，コミュニケーションの発達による間接経験の比重増大は，人間経験の内容の稀薄化，断片化をもたらし，人間により強い刺激をともなう経験を求めさせる。このように，新しい情報環境は，それに相応した社会システムのデザインをしていかないかぎり，新しい文明病をもたらす危険をもっているのである。

　第四に，物理的な，便利な機械，設備の登場が人間の体力の低下をもたらすように，情報サービスの発達は，人間の思考能力，抽象能力，知力を低下させる可能性をももっている。つまり，便利さの代償である。自ら苦労して抽象することをせず，既成の抽象概念をインスタントに入手しうるという条件は，使い方しだいでは人間の思考能力を怠惰にし，弱化させるということを見落としてはなるまい。

　第五に，脱工業社会がかなり安定志向的になるとすれば，安定社会そのものがもつ各種のマイナス要素——冒険の機会の減少，生命力の衰弱，停滞的傾向の一般化，など——を十分に考慮しておかねばなるまい。この場合，必要なことは，人間の生命力，好奇心，冒険心，競争心などを巧みに生かした，ダイナミックな安定社会の設計であろう。

　こうした，脱工業社会のプラス面，マイナス面に加えて，最後に考えておくべき問題は比較文化論的な問題である。産業社会にも国民性や文化による特殊性があるのと同じように，脱工業社会もそれぞれの国によって多様な個性をもつこととなろう。

おわりに

　脱工業社会の分析のためには一般論と特殊論の双方が不可欠である。とくに日本にとっては，日本の脱工業社会がどういう特性をもつことになるか，また

もつべきかが大きな問題ともなる。日本文化は，情報的要素に非常に高い価値づけを与えてきた文化であった。それゆえ脱工業社会への転換とともに，日本はこうした日本文化の特質を再評価しながら，独特の脱工業社会の形成へむかう可能性をもっていると考えられる。この点の考察は本稿の課題から大きくはみ出すことになるが，今後の重要な研究課題であることは間違いないと考えられる。

それらのことから，脱工業社会論は，現在その成熟過程の段階において，あらたなる文脈を模索しなければならない時期に到達したとみることができる。それは，脱工業社会論が未来を予測しようとする理論や，現在われわれがもっている人間の価値観や制度とは無関係に技術が未来を決定づけるという技術決定論的な議論に対して，多分に距離をとる必要に迫られている段階に位置していると考えられるからである。

そのことにより，脱工業社会論は，卓越した現代社会論として，同時代的なマトリックスを提供しうる可能性を内在しているという点で，今後ますます重要性が高まっていくものと思われる。

(伊達　康博)

注
1) ベルは『脱工業社会の到来』の日本語版序文のなかで，日本が，個人的自己利益や競争が基準となっているアメリカよりもより容易に脱工業社会に適応する可能性を示唆している。
2) ベル, D., 山崎正和・林雄二郎訳『知識社会の衝撃』TBSブリタニカ　1995年
3) ベルの出生から青年期の社会主義運動に関する記述は，以下の文献を参照。矢澤修次郎『アメリカ知識人の思想』東京大学出版会　1996年
4) ベルは，大衆社会論の影響力は認めながらも，その妥当性に関しては，終始疑念を抱いていた。ベル, D. 著, 岡田直之訳『イデオロギーの終焉』東京創元社1969年, 第1章「アメリカ大衆社会論」を参照のこと。
5) ベル, D., 岡田直之訳『イデオロギーの終焉』東京創元社　1969年（原著：1960年）
6) ベル, D., 内田忠夫他訳『脱工業社会の到来』ダイヤモンド社　1975年（原著：1973年）

7) ベルは同訳書のなかで，資本主義を「厳密な経済的境界線に基づき形成される雇用主＝労働者の諸関係および諸階級による経済制度であるばかりでなく，権力が代々の家族に引き継がれ，その営利企業は家名によって知られたために，家名が所有権にともなう満足感の一部となったような社会制度」であると定義し，財産制度と家族制度との融合によってできあがる階級制度が維持されている制度であると理解している。
8) ベル, D., 前掲訳書（上） 1973年, 24ページ。
9) 国内のポストモダン議論におけるベルの位置づけに関しては，以下の文献によった。千石好郎編『モダンとポストモダン』法律文化社 1994年。千石好郎『社会体制論の模索：パラダイム革新への助走』晃洋書房 1997年。
10) この文脈に関しては，『脱工業社会の到来』と補完的な関係にある以下の文献における文脈を参照した。ベル, D., 林雄二郎訳『資本主義の文化的矛盾』（上）（中）（下） 講談社 1976年。
11) 知識産業という産業部門概念は，明らかに，コーリン・クラーク流の伝統的な第1次，第2次，第3次産業という産業分類に再検討を迫るものである。そして，このことはさらに，システム産業――知識産業，宇宙産業，海洋開発産業，住宅産業，などという目的機能的な産業概念の登場の一環として，産業構造論に基本的な再編成を求めることとなることはいうまでもない。
12) 下河辺淳『情報化社会との対話』東洋経済新報社 1970年, 89ページ
13) 額田巌・成田寅彦『資料図説・知識産業社会』産業能率短期大学出版部 1971年, 189ページ
14) ベル, D., 前掲訳書（上） 1973年, 286ページ
15) ベル, D., 前掲訳書（上） 1973年, 235〜238ページ
16) ベル, D., 林雄二郎訳『資本主義の文化的矛盾』（上）講談社 1976年, 28ページ
17) ベル, D., 前掲訳書（上） 1973年, 25〜28ページ
18) この点に関しては，梅棹忠夫「情報社会論序説」『中央公論，経営問題特集』1968年冬季号，などを参照。

第3章　情報ネットワーク社会のメディア像

── 第❶節　メディアとは何か ──────────

1. デジタル時代のメディア像

　かつてはメディアを定義するのに，それが扱う情報形態（文字・音声・映像など）やコミュニケーションで果たす役割（見る・聞く・話すなど）からとらえることに一定の有効性があった。それは，たとえばテレビはみるもの，新聞や書物は読むもの，レコードやラジオは聴くものといった具合に，われわれにとってメディアは自明のものであり，その位置づけが相対的に安定していたからだといえる。しかし，デジタル情報技術の登場によりこうしたメディア間の垣根は崩されてしまった。デジタル情報技術のもつ特性が，アナログ情報技術の時代には自明であり，安定していた情報形態と機能によるメディアの定義をあまり意味のないものにしてしまったのである。アナログからデジタルへの情報技術の転換期においては，それまでの安定期にあったメディアを固定的にとらえるやり方の限界をむかえたといえる。文字・音声・映像などあらゆる情報を数値化し，大量かつ高速に伝達し，蓄積し，編集するデジタル情報技術のメディアとしての特性は，何をどのように伝えるのかという機能に基づくメディアの定義を超越してしまう。

　また，メディアを何らかのコミュニケーションをもとにして定義する方法も揺らいでいる。コミュニケーションを2人以上の人間が情報を共有しようとすることだとすると，その2人の人間の間にある電話なり，手紙なり，あるいはもしかしたら，プレゼントの花束なりが，2人のコミュニケーションを媒介す

るメディアであるというのが、もっともわかりやすいメディアというものの説明であったのかもしれない。しかし、この理解の仕方に安住してしまうと、かえってメディアという概念の迷路に踏み込んでしまうことになる。衛星からの気象データをはじめ、交通管制システムのための車両の通行データなど、環境についての情報を収集する、いまやなくてはならないシステムにリモートセンシング（remote sensing）という技術がある。観測者は観測地点からはるかかなたにいながら、立派に「観測」という行為を実行できる。何千キロも文字通り巨大なまでに伸びた目、耳、指先が観測者には備わり、それによって得られた情報が直接肉眼で見、耳で聴き取り、指先で触れたのとかわらぬ速度で観察者のもとにもたらされる。メディアという概念の、少なくともその一方の極みには、このリモートセンシングのようなものがある。リモートセンシングの観測地点には誰もいない。観測者はメディアを介して直接観測、つまり環境の観察を行っている。このようにすべてのメディアがコミュニケーションを媒介するとは限らない。

　したがって、メディアとは情報を媒介する手段であるという程度に理解しておくのが無難である。しかし、それで問題が片づくわけではない。人間に情報をもたらすものは、大きく分ければ「環境に対する観察」と「他者とのコミュニケーション」という2つである。メディアはこの両方のケースで情報を媒介する。

　環境から情報を得ることと、他者との間の意思疎通によって情報を得ることとはまったく違う。環境は、生存し行動する人間に絶えず情報を送りつづける。受動的な体験である場合もあるし、能動的なはたらきかけに対するリアクションである場合もある。経験から得た予見による期待と、その結果としての情報である場合もある。一方、他者とのコミュニケーションは、情報を得るというだけでなく、他者との間に社会というシステムを成立させるというきわだった特徴をもっている。そもそも自己像そのものが、他者との関係によってはじめて、一貫性のある存在として認識されうるのである。

環境から情報を得る場合，メディアは環境を外部世界として洞察するための手がかりであり，感覚器官の延長である。他方，他者との意思疎通によって情報を得る場合，メディアはコミュニケーションにおける意味のやりとりを高度かつ安定的にするという重要な機能をもっている。これだけ違ったはたらきをするものに，なぜかわれわれはメディアという，ひとつのカテゴリーしか与えていない。

自己にとってメディアは「環境観察メディア」「コミュニケーション・メディア」という2つの形で情報を媒介する。しかし，この2つのメディアの区別は決して自明ではないし，さらにその中間形態もありうる。重要なのは，媒介するものが環境であるか，コミュニケーションであるかという違いよりも，2つが同じ「メディアの領域」に存在していることによる共通性の方がはるかに大きいということである。メディアの領域は，対象となる領域から情報をもたらすために人間が利用できる手がかりの集合である。見方を変えればこれは，人間の外界に対する認識やコミュニケーションが，外部的な存在をメディアを介して取り込む柔軟な能力を備えているということでもある。

2. コンピュータ ―柔軟なメディア―

メディアはコミュニケーションのあり方を決定づける要素でありながら，コミュニケーションに従属しない。コミュニケーションはメディアに依存しているが，それにもかかわらずメディアは，コミュニケーションにとっては「部外者」であり，コミュニケーション関係からは中立的な存在にすぎない。こうした性質によって，人間のコミュニケーションはシステムとして非常にユニークで，柔軟性に富んだ能力をもつことになった。

この柔軟性は，2つの重大な特性を人間の文化にもたらしている。ひとつは，新たなメディアに遭遇したとき，それをコミュニケーションのなかに取り入れ，それによってコミュニケーションの質そのものを多様に作りかえることがきわめて容易にできるという拡張性である。メディアは，コミュニケーションにとっ

て本質的でありながら，かつ外部的な存在であるために，一種の部品のようにコミュニケーションに取りつけることが可能なのである。われわれが実際に経験してきたように，20世紀におけるメディアの恐るべき進化のスピードによるコミュニケーション条件の急激な変容にもかかわらず，人類がそれに小気味良く適応してしまえるのは，メディアがコミュニケーションに外部から介入して，それ自体を変質させることができるという基本的な拡張性によるといえるだろう。

　2つめの特性は，新しいメディアが採用されても，コミュニケーションそのものにいささかの変動もないと，少なくてもその当事者には意識されてしまうという点である。たとえば電話の登場は，用件の伝え方，話し方から人間関係の距離感まで，われわれのコミュニケーションそのものに大きな変容を与えたが，そのことが「便利だ」という程度の感想以上に，日常的なその使用者に意識されることはほとんどなかったといえるだろう。さらにいえば，つぎつぎに生まれてくる新たなメディアによって変容させられたコミュニケーションが与える影響は，それらのメディアが空気や水のような存在になるまで見えてこないのかもしれない。

　パーソナルコンピュータというメディアは，オーソドックスな意味ではメディアとはいえない。コンピュータという箱のなかには他者は存在していないし，それ自体が他者とのコミュニケーション・メディアとしての機能をもっているわけではない。また一方，コンピュータは単なる環境と違って思考し，人間と情報的に相互作用する。機能という観点から考えると，コンピュータは，モノとしてのメディアとコミュニケーション・メディアとの中間に位置する。

　したがって，コンピュータは人間―メディア系に新たなメディアのジャンルをつくったといえる。コンピュータの他者性に関する曖昧性は，とりわけ重大な意味をもっている。コンピュータというメディアは，設計によって，たとえばゲームにおける他者のようにふるまわせることも，シミュレーションにおける環境や事物のようにふるまわせることも，またワープロや産業ロボットなど

として道具のようにふるまわせることも可能なのである。

　コンピュータのように形態の変異が柔軟であり，かつ強力なメディアが，柔軟性に富む能力をもつ人間のメディア空間に登場したことの意味は，したがってきわめて大きいといえるだろう。さまざまな科学技術は，かつても，現在もなお，メディア空間というインターフェースに接続することによって，思考と文化の内側にその領域を築くことを可能にしてきた。しかし今，さらにそれ自体が柔軟性を備えたコンピュータというメディアがメディア空間に加えられることによって，メディアと人間の共生関係には明らかな変化が現われている。コンピュータ化された新しいメディアは容易に採用され，コミュニケーションのなかに組み込まれるだけではなく，メディア空間全体の布置を変化させながら，コミュニケーション全体を多様化させ，肥大化させていく。メディア空間は，人間の思考様式と文化システムに複合的にインターフェースしながら，いわば原型喪失にも近い変容をはじめているのではないだろうか。

　モノをメディアとしてみることによって多様な意味づけと価値が創出されることの上に成立しているのが消費社会である。また，コミュニケーションのメディアに対する柔軟性によって技術的環境の激変を文化的に受容しているのが情報化社会である。その上にたってみれば，消費と情報化という20世紀文化の主要な2つの特徴はともにメディアの拡張可能性によって成立し得たといえる。その意味で20世紀はメディアの時代とも言い得るわけであるが，その世紀の終幕近い段階においてコンピュータというメディアがわれわれの日常的なコミュニケーションの場に登場し，それによって，21世紀のメディア空間が開かれていくのだといえるのではないだろうか。

── 第❷節　インターネットによるコミュニケーションの変容 ──

1. ネットワーク・メディア時代の到来

　前節で述べたように，それ自体がコミュニケーション機能をもたないコンピュー

タを新たなコミュニケーション・メディアの中心的位置たらしめているのがインターネットの存在である。それは米ソ冷戦下に，核戦争時の通信手段確保と指揮命令系統の分散化を必要としたアメリカ国防総省の要請で，1960年代末に構築されたきわめて国家的で軍事的色彩を帯びたネットワークシステムがその母体となっている。[1] 日本におけるコンピュータ・ネットワークの歴史は当然さらに浅く，まだ20年にも満たないものである。しかし，1985年の通信の自由化をうけて，その後10年ほどの間にパソコン通信がメディアとして独り立ちするほどに成長し，1995年には主要な2つのパソコン通信サービスの加入者がそれぞれ100万人を突破する。また，インターネットの前身であるJUNETは，商用メディアとの間のシステム間接続を1990年代前半を通じて完成させていく。[2] それらが1996年のいわゆる「インターネット元年」を経て相互に接続，統合されながら今日のインターネットをつくりあげてきた。「インターネット」なる語が本格的に新聞やテレビに登場し始めるのは1994年から1995年にかけてであり，一般的にはまだほとんど知られていない存在であったものが，そのわずか5〜6年後の2001年末には5,593万人の利用者を獲得する。[3] その普及は爆発的ともいえるものであった。

　単にインターネットといっても，それに含まれる態様はかなり多様である。WWW[4]のホームページや電子メール，ネットニュースとよばれるニュースグループや電子会議室，さらにはFTP[5]とよばれるファイル転送，チャットなどのリアルタイムのコミュニケーション等々である。こうした多様性は，インターネットがメディアとしての設計の多様性，またそのメディアをもとに構成される社会，集団の設計の多様性を許容されていることに基づくものであろう。そしてこの多様性のなかからどのようなコミュニケーションのあり方を設計するかで，具体的なコミュニケーションの態様が決定される。世界の何処からでもアクセス可能なようにホームページを開設するのと，直接見知った仲間内だけでメールをやりとりするのでは，同じインターネットを介したコミュニケーションであっても，その態様はかなり異なるであろう。

そうしたコミュニケーションの多様性を前提としつつも、そこにはインターネットによって生み出された、共通のコミュニケーションの特徴とも呼べるであろうものがいくつか見出されるのではないか。

第一には、1対マス (one to mass)、1対1 (one to one) を念頭においた二分法を無意味化して、マス・コミュニケーションと対人コミュニケーションとの間の境界の喪失がみられることである。

第二に、流通する情報の急激な増大、社会的な情報の蓄積（データベース化、ストック化）が進み、これをいかに活用するかが利用者の社会的なパワー形成に直結するほどになったこと、同時にその膨大な情報の洪水が個人の処理能力をはるかに超える、いわば情報のオーバーロードともいうべき問題が顕在化したことである。

第三に、物理的な空間からの開放による新たな集団形成や文化の混成化の進行が対人コミュニケーションの性質にまで影響を及ぼすということである。

そして第四に、インターネットが対マス・メディアのレベルでも、対人的なレベルでもそのコミュニケーションのあり方に変化をもたらし、またわれわれの情報・知識レベルにも大きな影響を与えることで、社会的なリアリティ構築の不確実性を増大させるのではないかということである。

次項から、これらインターネットが生み出した特徴から、われわれのコミュニケーションの変容をみていこう。

2. 情報発信の特権崩壊・コミュニケーションの境界喪失

マス・コミュニケーションと対人コミュニケーションという二分法がまだ意味をもっていた時代には、多くの人びとに情報を提供したり、自らの意見を広い範囲に発信したりできるのは、一種の特権であった。不特定多数の、それも数万、数十万という人びとにむけて自分の意見を伝えたければ、ニュースキャスターや記者、評論家、作家、有識者、専門家等としてマス・メディアに登場するか、出版社の商業ベースに乗るほどの発信力をもった著作者として認知さ

れるかでもしない限りは，その手段はほぼ皆無であるといっていい状況であった。あくまでもそれを可能にする手段であるという限定の上ではあるが，インターネットの出現によって，過去のこうした特権は失われつつあるといえるであろう。

　ホームページを開設し自己の見解を述べることや，自らの意見を配信するためにメーリングリストを整備すること，電子掲示板（BBS）や電子会議室などにおいて多数の他者に対して情報発信することは，インターネットやパーソナルコンピュータに関するわずかな技術を習得するだけで，容易かつ安価に行うことができる。現実に，電子メールで届くメールマガジンとよばれる雑誌的媒体のなかには週間数千件の発行部数を数えるものもあるし，個人が運営するホームページで数万件のアクセス数を稼ぐものもある。こうしたことは，取材対象や発信者の取捨選択という巨大メディアによる発信のコントロールを介さないコミュニケーションの出現を意味する。そしてそれは，誰もが，「情報の送り手」として流行を生み出したり，渦中にある論争について発言したり，新たな文化を創造したりする可能性を手に入れたということである。

　個人が発信力を獲得したとしても，それがマス・メディアに対抗できるだけのインパクトをもちうるかどうかという点では過大に評価することはできないであろうし，情報発信力の獲得が同時に自らのプライバシーの侵害をまねくリスクをともなうといった諸刃の剣的な性質をもつことを軽視するべきではないであろう。さらには，そうした情報発信のひとつの手段であるホームページの開設者についても，その数はインターネットユーザーの多数を占めるものではないのが現状である。その率は2割弱といったレベルである[6]。多くのアクセスを得られるようなホームページを運営しようとすれば，素材準備から，ページの作成，発信の完遂まではかなりの労力を必要とするし，その受信者を確保しつづけていくには，受け手を飽きさせないように頻繁にページを更新しつづけていかなければならず，個人にとっては並大抵の努力ではすまない。また，努力して運営されている個人のホームページも，マス・メディアや企業によるブ

ランドサイトの利用に比較するとその劣勢は否めない。

こうした点において，マス・メディアによる情報発信と個人によるそれにはいまだ大きな格差が存在するわけではあるが，情報発信の可能性・機会の平等性は確実に進展しており，情報発信の特権がこうしたレベルで確実に崩壊しつつあるということは確かなことであるといえるだろう。

これと同時に生まれてくるのがマス・コミュニケーションと対人コミュニケーションという2つのレベルのコミュニケーション間の境界喪失である。

マス・メディアのホームページから，個人のホームページへ，そこから特定の集団のホームページへと情報が飛び回ることは容易である。この結果，インターネット上ではマス・コミュニケーションの客観性・中立性に基づくとされる言説と，一般の人びとによる日常の主観的な言説とが同一の画面に現われることとなる。つまり，そこでは同一のテーマであっても現実社会における客観的な出来事を前提とした情報を発信する場と，多様な個人や集団による多元的な情報発信とが混在することとなる。これらを受け手は，たとえば新聞における記事と広告面との区別や，ニュース報道とコマーシャルとの区別と同じレベルで見分けることができるであろうか。

また，発信力の獲得が生み出す情報発信源の多様化によって，ニュースの信憑性に関するマス・メディアの優越性も揺らぐ。インターネットへの発信が先行したニュースがしばしば出現しているし，[7]インターネット上の同じ情報源に接する機会は，マス・メディアの記者も，その視聴者・読者も平等に与えられているといえる。こうして，マス・メディアこそが特権的で信憑性のある一次的情報源であるという認識は崩れつつある。

ところで，これまで述べてきたインターネット上の発信力の獲得は，これが双方向性という特性をもつことを前提としてきた。この双方向性によって，マス・メディアに準ずるような巨大なサイトに対しても，一般の人びとが容易にフィードバックを返すことのできる手段を手に入れ，またこの機能によって，マス・コミュニケーションが双方向メディアになる可能性がみえてきたといえ

る。同様に，インターネット上で発信した自己情報に対して，時間的・空間的な制約を離れて多くの人びとからのフィードバックを得ることができるようになり，インターネットを対話を可能にする場として特徴づけることができる。しかし，ここで注意しなければならないのは，双方向性が可能であることと，双方向のコミュニケーションが実際になされているかということとの間にはまだまだ大きな隔たりがあるということである。マス・メディアの運営するサイトにも必ずといっていいほどフィードバックの窓口がメールアドレスなどの形で存在している。しかしながら，そのことが必ずしもこのサイトが双方向性機能を十分に発揮していることを意味しない。フィードバックを返すことが可能であることは，心理的な距離感を縮小し，開かれているというイメージを与えることによる，見かけ上の親近感と開放性を高めはするであろう。しかし実際に返されたフィードバックについて，それが先方で処理され，反応が返ってくるかどうかはまったく別の問題である。たいていの場合，そうして得られた大量のフィードバックを逐一処理して反応を返すことは現実には不可能である。あるいはフィードバックの窓口は，反響を測定するための一種の測定器に過ぎないかもしれない。また，逆にマスを対象に想定していなかったものが，ネットワーク上で多数の受信者を獲得してしまい，膨大な数のフィードバックを得ることもありうる。インターネットのもつ双方向性がフルに生かされたとき，そこには想像もし得なかったような巨大現象を引き起こす可能性がある。

　以上に述べたように，インターネットはその特性として，マス・コミュニケーションと対人コミュニケーションの境界を消失させ，互いに結びつけ，融溶するような機能をもつ。また個人という発信者を時として，その情報の信憑性や必要性からマス・メディアを上回る強力な情報源としうる機会にもなる。しかし，これが情報発信の場として今後どのように発展し，利用されていくかはまだ不確定な要素も多く，その可能性のみを持ち上げることはできないといえよう。

3. 情報量の巨大化がもたらすもの

　1990年代後半からのインターネットの発展は,「情報流通センサスデータ」等でも明らかなように社会的な情報流通の急激な増加に拍車をかけた。こうした情報量の急激な増加にともなって,われわれが実際に消費可能な情報量と,消費されずに終わる情報量との格差はますます広がっている。[8]このように社会で流通する大量の情報は,それを消費する能力に限界をもつわれわれに情報のオーバーロードを強い,それが社会生活を送る上でもストレスとなっているという指摘がはるか以前からあったが,このストレスの元となる情報量の増加はインターネットの急速な普及でさらに加速しているのである。

　こうした事態は一面においては,私たちが情報を消費するに当たって,その選択肢が広がったというふうに前向きにとらえることは可能であろう。しかし実際にこれが選択の自由の拡大であるとまでいいうるためには,①情報が容易に検索可能であること,②情報を捨てることや接触の拒否も可能であること,が条件になるであろう。そしてそのためには,膨大な量の情報のなかから自分にとって必要性・信憑性のあるものが何処にあるのか,それをどう集めるのかという判断を手助けするものが必要となる。

　そして,これを可能にする方法もまた,インターネットに内在しているといえるだろう。たとえば自分が求める情報に関連したメーリングリストや掲示板などで,その旨を発信することにより,他者の知的ボランティアに期待する。インターネットのもつ双方向性が生かされるのは,巨大サイトに対するフィードバックよりも,こうした個々の情報をやりとりする場面においてであり,情報ニーズへの適切で選択可能な情報の提供が双方向性によって支えられるときである。それは情報取得のストレスを軽減し,社会的に分散された知的資源の有効活用につながる。

　また,WWWでは,「ポータルサイト」とよばれる,水先案内所的な機能をもつ情報の媒介サイトや,あるいはマス・メディアや大企業のブランド名を背負っ

第3章　情報ネットワーク社会のメディア像　55

たサイトを利用することで，自分で行う情報処理の負担を一部肩代わりさせることもできる。あまたあるサイトのなかから，自分が求める，同時に信用するに足るサイトをどう探せばいいのか。その時に情報検索を手助けしてくれるサイト，信頼するに足るブランド名を背負ったサイトに頼る有用な手段は用意されている。しかしここでの問題は，こうした媒介となるサイトが情報の機会平等主義を徹底しているのか，あるいは，そこで提供されるリンクに偏りがあるのかということであろう。ガイドとなるサイトが，同じバイアスをもったサイトを系統的にリンクさせることは，しばしばみられることであり，それが売りになっていることさえある。また，マス・メディアによって運営されているサイトは，その母体となるマス・メディアと同様のバイアスをもつ可能性があるだろう。

　ところで，情報は単に日々増大しているというわけではない。インターネットによって大量に流通している情報は蓄積され，WWWという巨大なデータベースとなる。小学生の宿題用に夏休み期間中の気象情報を提供するといったものから，官公庁の審議会議事録・各種白書のデータ，衆参両院本会議での発言録，各種経済指標等直接手に入れることができる上に，刻々と情報が更新されていく。これらの多くは情報公開と表裏一体のものであることはいうまでもないが，社会的なコミュニケーションは，情報の流通という面のみならず，その蓄積の面でも大きな変化を遂げつつある。これにより，マス・メディアを介した間接的な情報を取得したり，直接官公庁や企業の現場に出向いていちいち情報を入手するような労の多い情報取得の形態も激変しつつある。肝心なことは，仮にその利用者が少数であろうとも，こうした情報が公開され，容易に取得可能であるということ自体が，情報のもつ社会的意味を変えてしまうことである。①誰でも目を通し利用する機会が与えられていること，②それを監視する意図をもつ誰かによってチェックが可能であることが社会的監視機能を果たすといえる。

　ここでみてきた情報の蓄積，その探索という2つの視点を合わせてみれば，

インターネットがハイパーテキストという言語を用いる意義の大きさが分かる。それはインターネット上に蓄積された情報やデータベースが互いにリンクしていることを意味する。それはいわば集合的な知の表現であり，何と何が関連しているかという，何千万もの人びとの知恵と知識を示すものである。このような知的営為はインターネット以前には個々の人びとの脳裏にのみ存在するもの，あるいは著作や映像の創作といった形によってのみ表現されるものであった。これが世界をまたぐネットワーク上で提示され，検索してリンクをたどることが可能になったことによって，われわれの知に関わる行為が大きくかわってしまう可能性がある。知の脱中心化，社会的分散と共有というテーマがわれわれに突きつけられている。

　自らの意見や情報提供のなかにリンクを張り，そのリアリティの根拠をリンク先に部分的に依存する，そうした結合が果てしなく続いていく様子は，出来事のリアリティが対人的に支えられ，またすべての知的営為が一人ではなし得ないということをそのまま体現している。WWW上の意見表明や情報提供も，そのリアリティは張られたリンク先の情報と協調しあってはじめて確固としたものとなる。

　ここで述べたような情報の蓄積，探索，選択，リンクのコミュニケーション行為は，インターネットを活用することによる社会的パワー形成にほかならない。玉石入り混じった情報の大海原を乗り越えていくすべを身につけたとき，インターネット以前の情報収集に関する多大なコストや非効率は大きく縮小し，われわれは情報という利器をよりたやすく入手でき，利用することができる。

4. 物理空間の制約の緩和・新たな対人ネットワークの形成

　インターネットという電子的疑似空間でコミュニケーションが可能になるということは，双方の地理的・物理的な位置にとらわれることなく情報を伝達しあえることを意味している。そして，その伝達行為を通して集団の維持や新たなる集団の形成が大きく促進される。これはパソコン通信のころからみられる

ようになった現象であるが，情報が取りもつ縁ともいうべき共通の関心や趣味嗜好などに基づく集団形成が大規模な形でネットワーク上に生じている。かつては，1ヵ月あるいは1年に1度という頻度での集まりを活動の基本としていたような，ファンクラブや趣味の仲間，同窓会・同期会，関心を共有する勉強会や研究会といった集団が，1990年代を通じてネット上での発展の可能性を見い出し，そこに活動の場を移していくことで，多様で活発なサブカルチャーを開花させていった。こうした集団のもつ特徴としては，集団の可視性の高さと成員の回転の速さ，そしてコミュニケーションの速さがあげられる。

集団の可視性は，その集団やメンバーのホームページをネット上でポータルやメーリングリスト等を通じて宣伝したり，パソコン通信のなかにフォーラム(電子会議室)として場をもつことによって高めることができる。さらには，他の集団との間でリンクを張り合うことでも可視性は高まる。そして空間を越えて関心を共有する人びとをつぎつぎと引きつける場になるのである。

またこうした共通の趣味や関心を核として展開するネットワーク上の構成員は，積極的な関与者というレベルではきわめて回転が速く，たとえば電子会議室の発言者が毎月半数も入れ替わるということもある。このことと，集団の可視性の高さが相まって，共通のテーマのもとで常に新しい参加者を掘り起こし，新たなコミュニケーションをかなりの速さで生み出すこととなる。

集団の可視性の高さはまた，その可視性の高さによって，空間的に分散するマイノリティの集団形成にも寄与する。空間的に分散する同類を結びつけ，そのアイデンティティをバックアップし，自己受容やカミングアウトをサポートするのである。こうして少数派は生き残り，自己主張を行って，その可視性を確保することが可能になる。

このようにして，ネットワークがサブカルチャーを多様に増殖させ，なおかつコミュニケーション・コストが安いことによる，サブカルチャー間の多様な面での接触と交流を可能にすることによって，文化相互の混成化が進む。情報の移動が空間の縮小を生み出し，その結果として異質要素を含んだ文化の混

成化とグローバル化を引き起こしているのである。しかもこの現象は地理的に限定されて生じているのではなく，それによってこれまで主流であった集団主義対個人主義というような文化的二分法の無化が進むともいわれている。

5. 社会的リアリティの構築

われわれは，日々のコミュニケーションを通じて社会的リアリティを構築し，実感しているといえる。しかしながら，インターネットによるコミュニケーション態様の変容がこうしたリアリティのあり方にも影響を及ぼし，そのことがわれわれに新たなストレスをもたらす。

われわれは，マス・メディアの情報や教育機関や公的機関での情報など，制度的に信憑性があるとみなされる情報源からの情報には，基本的に信頼を置いている。たとえば，われわれはいかにマス・メディアの情報の不正確さや偏りを嘆こうとも，その情報伝達のシステムに対しては基本的に信頼を寄せており，たいていの報道内容を信じているといえるだろう。そこには制度的に保証されたインパーソナルな情報が流れており，これらを前提として社会生活をおくっている。しかし，インターネットではこうした制度的な裏づけのない情報が氾濫している。「噂」程度のものが人気サイトやメーリングリストで話題になれば不安感が広がっても不思議ではない。ポータルサイトやブランドサイトへの信頼は，こうした制度面への不安感と表裏一体のものでもあるといえる。信頼するに足る情報を自ら選別するための処理的負担を軽減しようと思えば，それはある意味で仕方がないことだといえる。

対人的コミュニケーションも，われわれのリアリティ形成の上で大きな働きをしているものである。マス・メディアの情報も既存の対人的な支えのなかに依拠することで，その信頼性が確実となるともいえる。ところが前節でも述べたように，インターネットの世界は，われわれの対人的環境を一変させるほどの要素を有している。ホームページをひらいたり，電子会議室で発言を続けていれば，積極的に求めずとも新たな出会いの可能性が急速に広がっていく。そ

もそも対人コミュニケーションのレベルでは，コミュニケーション相手との個人的な絆や信頼感が，われわれが感じる社会的リアリティへの不安感を緩和し，解消するのに役立っている。しかし，コミュニケーションの相手がネットワーク上に拡散し，それがつぎつぎに入れ替わるような状況においては，情報の信憑性をそうした人びとを介して確認することはしばしば困難となる。こうしたコミュニケーション相手は貴重ではあるが，既存の身近な友人や家族と同じように，自分のリアリティの判断を預けて信頼しても良いのかという不安がある。これを解決する方法はある。たとえばそれは，ネットワーク上においても現実世界と同じような閉じた絆を形成し，そうした仲間内での信頼を築くことである。こうして仲間を基本的に固定することにより，強固な信頼性を築くことで，信頼の源泉を確保することができるであろう。しかしこの方法では，ネットワークのもつメリットも生かせなくなる。つまり，ネットワークの強みのひとつは，弱い絆ながらも，ほとんど見ず知らずの人びとが参加する電子的集団のなかで，そのメンバーたちの「知のボランティア」によって有用な情報や意見を取得できることにあった。このような他者からの援助を期待できなくなるのは，閉じた絆を築くことの大きなデメリットでもある。

　さて，社会的リアリティには，われわれが「常識」と考える信念も関連しているといえる。しかし，われわれの常識が通じる世界というのは案外狭いものでもある。これをインターネットの出現が明瞭な形で浮かび上がらせる。社会を移動せずとも，さまざまな社会集団，地域，階層，年齢，性別といった壁を貫通する形でコミュニケートできる機会が提供され始めたからである。その結果，電子会議室やニューズグループ，メーリングリスト等においてコミュニケーションの相手が自らの常識に抵触することに対する困惑や怒りのやりとりを頻繁に体験することになる。社会関係コードの定義の違いや，規範として想定する行動ルールの違い，歴史認識の違いなどといったコミュニケーションの前提の違いがあまりにも巨大であったり，そのチューニングを試みようとしないことの結果として，トラブルが表面化するのである。互いのコミュニケーション

の前提のあいだにある溝を埋めるようなコミュニケーションを試みることは情報処理負担の高い作業となるため，結果的には同じコミュニケーションの前提を共有する仲間が集まるような傾向をもつ可能性は大きい。しかし，コミュニケーションの場が開放的にカスタマイズされている限り，そうした溝を越えたコミュニケーションの可能性やオルタナティブ・メディアへの可能性は常に開かれていることになる。

第❸節　サイバースペースと自己のメディア化

1. サイバースペース

「サイバースペース」（cyberspace）という言葉のもとになったのは，1984年に発表されたウィリアム・ギブスンのSF小説『ニューロマンサー』である。この物語のなかで「カウボーイ」とよばれるハッカーたちは，自らの脳をそのままコンピュータ端末とし，世界中に広がるコンピュータ・ネットワークのなかに自分の神経系を「ジャンクイン」してバーチャル空間のなかで冒険を繰り広げる。

1990年代に爆発的な広がりをみせることになったインターネットを通したコミュニケーションは，サイバースペースという新たなコミュニケーション空間を生み出し，われわれがそれまで実現しえなかったようなコミュニケーションの機会と場を可能にした。もちろんそのサイバースペースはSF小説のなかのそれとは異なり，われわれは直接その空間に入っていって行動できるわけではない。われわれはコンピュータを端末とし，ネットワークに接続することで，ネットワーク上で出会う人びととのコミュニケーションを可能にする。つまり，サイバースペースという仮想空間をコミュニケーションの場とし，この空間上に人びとが自己をメディア化して参加することによって，われわれはまったく新しいコミュニケーションの機会と場を共同でつくりあげているのである。

サイバースペースは，そこに参加する人びとがそれぞれの自己をメディア化

することで入り込める空間である。しかもこの空間の構造や性質，その空間のなかでの自己像そのものはかなりの程度まで自分の意志で決めることができる。これは人類がこれまで手にすることができた自由のなかでも，おそらくもっとも興奮すべき陶酔のひとつであろうと思われる。そして，こうした心酔感がもたらすのであろうか，一日に何時間もパソコン通信やインターネットをやりつづけて，家族との関係や仕事まで放り出してしまう「パソコン中毒症」や「インターネット中毒症」というケースはこれらのメディアが広まりだしたかなり初期の段階から，時々話題になっていた。

　しかし，こうしたネット中毒が他の要素とより複雑に絡み合っているのではないかという事例もいくつかみられる。インターネットやパソコン通信では，不特定多数の異性と簡単に知り合うことができる。コンピュータの画面上で，チャットとよばれる同時進行での往復の形で，ことばだけのコミュニケーションをする。その気になればかなりプライベートな話や，エロチックな会話もできてしまう。自分の実像も評判も経歴も，場合によっては性別まで隠してしまうことができる。そして実際に，このことからさまざまな混乱やトラブルが引き起こされている。サイバースペースは，その初期の担い手たちにとって日常の生活空間＝現実空間からは独立した自由な空間であるべきものとして強く意識されており，それゆえこの空間に現実世界の秩序や価値観が入り込むことに彼らは強く抵抗した。1990年代後半のパソコン通信，インターネットの急激な普及と商業利用の拡大によりサイバースペースの人口は急増し，さまざまなトラブルが生み出され，現実と遊離する現象がみられるようになった。こうしたトラブルを現実の世界から規制し，解決をはかろうにも，現実の法律や規範はサイバースペースにあわせてつくられてはいないためさまざまな困難を生ずるし，現実空間の枠組みをサイバースペースに無理やり当てはめてしまうことは，サイバースペースの可能性をスポイルしてしまいかねない。

　われわれは，メディア化した自己が従うべき倫理をもっていない。また現実の関係を支配している規範が，どのような形で，どこまでメディア上に及ぶの

か，また及ぶべきなのかを知らない。サイバースペースがもつ可能性をつぶすことなく，問題を解決する手段を生み出すという課題が置き去りにされたままになっている。この種の問題は常に何らかのメディア規制と表裏一体のものであり，したがって何もインターネット等のネットワークメディアに固有のものではない。それどころかかなり以前から存在してきた問題である。たとえばそれは「性犯罪の場面を含むポルノビデオを未成年者に見せるべきではない，なぜなら彼らには現実とフィクションの区別に対するけじめができていないからだ」といったたぐいの論点である。

　もっと問題なのは，現実とメディアという2つの領域は当事者によっては意外に簡単に超えられてしまうことである。不特定の受け手を対象としたマス・メディアと違い，双方の当事者が合意の上で，あるいはどちらかが一方的にでも，「この関係を現実のものにしよう」としたときに，すでにその関係はメディア上のものでなくなる。

　現実の自己と，メディア上の自己は本来は固定化した主従の関係におかれているはずである。メディア化した自己はそれだけでは判断も行動もできない，独立した意識をもたない存在である。現実の側からそれを操作する自己によらなければメディア化した自己は何もできない。そして，その現実の自己は日常的な生活空間に生きているから，もちろん自由な存在ではない。しかも，この現実の自己はあらゆる機会にメディア化した自己に介入し，メディア空間から現実へと，自己の意識を引き戻そうとする。しかし，それにもかかわらずわれわれは，時として，メディア化した自己に没入し，メディア化した他者と直接コミュニケートしているような錯覚に陥ることがある。メディア化した自己がメディア化した「他者」からのコミュニケーションをうけ，現実の自己へとフィードバックされ，さらに現実の自己がそれに対してフィードバックを返す。高速での，このやりとりによって現実の自己とメディア化した自己との距離感が喪失し，メディア上の自己が現実の自己と一体化する。実際ここ数年のサイバースペースに関連する出来事のなかには，こうした現象があながち荒唐無稽とは

言い切れないのではないかとも思える出来事が生起している。

2. ヴァーチャル・リアリティーの光と影

　人びとがどんなに自己をメディア化し，サイバースペース上のメディアとしての自己に陶酔しようとも，一方で，現実の自己はあらゆる機会にメディア化した自己に介入し，サイバースペースから現実へと，自己の意識を引き戻そうとするはたらきをするということは先ほども述べた。この現実の世界に残った自己の意識との絆を絶ちきり，それをメディア空間のなかの自己に転生させ，そのリアリティだけによって存在したいという欲望と結びついたメディア技術がヴァーチャル・リアリティである。そのために，ヴァーチャル・リアリティは，現実の自己と，メディア化した自己との差異をできる限り曖昧にし，一定の時間でよいから現実の世界の自己意識をメディア空間の自己に転移してしまおうとする。こうしたヴァーチャル・リアリティの特徴は，まず人間の環境認識系を遮断し，感覚上のフィードバックをコントロールすることでいかに現実と区別のつかない完璧な擬似空間を構成するかというところにある。

　ヴァーチャル・リアリティの技術は一方で，知識と体験の差を埋める決定的な方法として産業，医療などの分野ですでに実用化されつつある。たとえば医療分野においては，外科手術を模擬するシステムが実用レベルに達しつつある。このシステムによって，医師はゴーグルとデータ・グローブをつけて人体と同じ弾力と感触をもった仮想患者を相手に模擬手術をし，実際の手術の前に手順を確認したり手術方法を検討したりということが可能になっているという。もっと身近なレベルでは，住宅を購入する際に，事前に完成後の住居での暮らしを体験できるシステムも実用化されている。ここでも医療システムと同様のゴーグルとグローブを身につけることによって，将来自分が住むことになる住宅での暮らしを疑似体験することで，間取りや家具の配置などを検討することが可能である。

　しかし，こうした実用的な，現実へのフィードバックを前提としたヴァーチャ

ル・リアリティの一方に，現実の生活空間とはまったく独立に，仮想の空間を生きるためのヴァーチャル・リアリティーが存在する。これが疑似的現実空間におけるメディア化した自己の現実化であり，ここにおいて現実の自己とメディア化した自己との主従の逆転が起こりうる。これは仮想空間のもつ自由と現実環境の遮断とデジタル・メディアがもつ情報の絶対速度の三者連関によりもたらされる。

　ここで私たちは自己の危機に遭遇することとなる。機械的につくりだされる仮想空間は他者の操作が可能であり，またメディア化した自己像も他者とのかかわりを通して形成されるものであるため，他者の操作を逃れられないためである。われわれが生きる新しい情報社会は常にこのようなジレンマに直面しているのである。

3．情報の傘の下で生きる

　約半世紀を通して核の傘の下に，恐怖の均衡時代を生きてきたわれわれは，今日，その均衡を突き崩した情報のネットワークの下で，新たな時代を歩み始めている。

　生活のなかのほとんどの機器にはコンピュータが組み込まれ，われわれはすでに多数の見えないコンピュータに囲まれて生活しているのである。こうした機器がネットワークにつながれ，われわれの生活空間を制御する体制はすでに整えられている。声なき，姿なきコミュニケーターはわれわれの日常生活をサポートするものなのか，それとも支配するものなのか。

　また，情報ネットワークは，われわれがメディアをラディカルに，民主的に用いることで理想的なグローバリゼーションを実現する助けとなるのか，あるいは多国籍企業による資本主義グローバリゼーションという新たな植民地主義のための道具と化すのか。

　これらは21世紀を生きるわれわれに問い掛けられた大きな課題であろう。

　　　　　　　　　　　　　　　　　　　　　　　　　　（広瀬　拓人）

注

1) 古瀬幸広・廣瀬克哉『インターネットがかえる世界』岩波書店 1996年 17ページ。
2) 同書「インターネット関連年表」
3) 総務省『平成14年版情報通信白書－平成14年情報通信に関する現状報告（概要）』http://www.johotsusintokei.soumu.go.jp/whitepaper/ja/h14/index.html 2002年
4) World Wide Web の頭文字をとったもの。インターネット上に公開されている、文字だけでなく画像や音声も含むマルチ・メディアを駆使した情報のこと。「ブラウザ」とよばれる閲覧ソフトを使うことで、世界中のWWWサーバーに自由自在にアクセスすることが可能である。
5) file transfer protocol の略称。FTPソフトとよばれるものは、ファイルの転送を行うためのソフトウェアで、ホームページを作成した場合なども、このソフトを利用してプロバイダーのサーバーに送信（アップロード）する。
6) 2000年末でのインターネット利用者のうちホームページの作成・更新を目的とした利用は17.9％となっている。
7) 阪神大震災の例がよく知られる。第一報が日本の首相官邸に伝わるよりも早く、インターネット経由での情報がホワイトハウス、ならびに当時のクリントン大統領に伝わっていたといわれる。
8) 過去10年間の年平均増加率についてみると、発信情報量が21.5％、消費情報量が15.0％となっている。また、過去５年間（平成７～12年度）の年平均増加率は、発信情報量が35.4％、消費情報量が25.2％となっており、発信量と消費量の格差は広がってきている。

参考文献

浅田彰監修『マルチメディア社会と変容する文化』NTT出版　1997年
有馬哲夫『デジタルメディアは何をもたらすのか』国文社　1999年
池田謙一『コミュニケーション』東京大学出版会　2000年
今田高俊編『ハイパー・リアリティの世界』有斐閣　1994年
桂英史責任編集『20世紀のメディア③』ジャストシステム　1996年
久保田晃弘責任編集『20世紀のメディア④』ジャストシステム　1996年
高川敏雄『「IT用語」に強くなる本』PHP研究所　2001年
武田徹『デジタル社会論』共同通信社　1999年
デリック・ドゥ・ケルコフ著，片岡みい子・中澤豊訳『ポストメディア論』NTT出版　1999年
東京大学社会情報研究所編『社会情報学Ⅰ・システム』東京大学出版会　1999年
東京大学社会情報研究所編『社会情報学Ⅱ・メディア』東京大学出版会　1999年
成田康昭『メディア空間文化論』有信堂高文社　1997年

橋本良明編著『コミュニケーション学への招待』大修館書店　1997年
ポール・ヴィリリオ，土屋進訳『情報エネルギー化社会』新評論　2002年
ポール・レヴィンソン，服部桂訳『デジタル・マクルーハン』NTT出版　2000年
マーク・ポスター，室井尚・吉岡洋訳『情報様式論』岩波書店　2001年
マーシャル・マクルーハン，後藤和彦・高儀進訳『人間拡張の原理』竹内書店新社　1967年
マーシャル・マクルーハン，栗原裕・河本仲聖訳　『メディア論』みすず書房　1987年
村井純『インターネット』岩波書店　1995年
村井純『インターネットⅡ』岩波書店　1998年
山崎正和・西垣通編『文化としてのIT』晶文社　2000年

第4章 メディア・リテラシーの視点からみた「メディア」と「ジェンダー」
——「読む」能力から「発信する」能力へ——

はじめに――本章の目的

　かつては限られた世界でしか通用していなかった「ジェンダー（gender）」という概念も，今日では日常生活の場において用いられても大過なく通用するほど，世間に認知されるようになったといえよう。社会学的研究の場面においてもそれは例外ではなく，「ジェンダー」概念を新たに投入することで，これまでの研究に一層の深みを加える試みが随所で行われている。メディアに関する研究分野は，とくにこの「ジェンダー」概念の浸透がめざましく，ジェンダーの視点からメディアをとらえ直す研究が数多く発表されている。[1]

　しかし，それでもなお，議論が十分に尽くされたとはいいがたい。現実にも，メディアとジェンダーにかかわる問題がすべて解決された訳ではない。また，とくに1990年代の後半からあらわれてきた，メディアそのものの変化も，メディアとジェンダーの関係を考える上で見過ごすことはできないものである。

　したがって本章では，これまでのメディアとジェンダーに関する研究の大枠を参考にしつつ，メディアやそれを取り巻く環境の変化も考慮に入れて，メディアとジェンダーに関する考察を進めていくことにする。

　私が目指しているのは，「男らしさ」「女らしさ」にとらわれることなく生活を送ることができるような社会環境をつくることである。したがって必要とされるのは，当然のものと思われているような「男らしさ」「女らしさ」が，実

は恣意的に作られたものであって，なんの根拠も正当性ももたない，ということを示すことである。本章で「ジェンダーに関わる問題」といった時に，主に想定されているのは，「男らしさ」「女らしさ」を生み出し，それを「自然なもの」として定着させるような言説や行為などである。

メディアは，広い意味での社会環境を形成する一要素としてとらえることができる。本章は，「男らしさ」「女らしさ」にとらわれないような社会環境をつくる上で，メディア組織はどうあるべきか，そして現実に社会のなかで生きているわれわれは，メディアとどのように関わっていくべきか，という点について考察を行う。それはメディアをジェンダーの視点でとらえる試みの一端であると同時に，男女の平等を求める実践過程のなかで，メディアとそれに関わるわれわれとがどのような役割を果たすことができるのか，どうあるべきなのか，を考察することでもある。

── 第❶節　これまでの「メディア」と「ジェンダー」をめぐる主な議論

メディアを「ジェンダー」という概念を用いてとらえたこれまでの研究成果を概観してみると，基本的な視角として次の4つをあげることができるだろう。まず第一に，メディアにおける性差別的表現の問題，第二にメディアにおける性差別的表現への告発・抗議運動，第三にメディアへの接触・アクセスにおけるジェンダー格差の問題，そして第四にメディア組織におけるジェンダー格差の問題だ。

まず，第一のメディアにおける性差別的表現の問題と，第二のメディアにおける性差別的表現への告発・抗議運動の視角は，相互に関係しあっていると考えられる。メディアとジェンダーに関する研究のなかで，もっともポピュラーな存在として世間にとらえられているのも，この第一，第二の視角であろう。そしてまた，メディアとジェンダーをめぐる4つの視角の根底にあるのが，こ

の問題系だということもできるのではないだろうか。

　この視角では、メディアのなかでとくに女性がどのように表現されているのか、また性差別的な表現とはどのような表現のことを指すのか、といった点に主眼が置かれており、そこからなぜそのような表現が生まれるのか、どのようにすればこういった表現がなくなるのか、という方向へと議論が進む。とくに有名なものとしては、1975年に、ハウス食品のインスタントラーメンのテレビコマーシャルにおける「ワタシつくる人、ボク食べる人」という表現が、性役割の固定を助長する、という点で「国際婦人年をきっかけに行動を起こす女たちの会」から「性差別的である」と指摘をうけた、という事例があげられよう。

　「何が性差別的表現か」という分析的研究から始まって、やがてはそういった「性差別的表現」を解消するための告発・抗議運動という、実践活動へとつながっていくケースは多くみられる。そういった点からこの2つの視角の結びつきは、学問研究と日常世界での実践活動の有機的な結びつきとしてもとらえることができる。それは、学問と現実との関係性について、ひとつの導きの糸としての意味をもたらすことにもなるのではないか、と考えられる。

　また、これらの表現に対する実践的な抗議運動は、主に広告やテレビコマーシャルなどに対して行われているというのも、ひとつの特徴としてあげることができる。これは、とくに日本の広告は人びとの感情に訴えかける広告、いわゆる「イメージ広告」が多いことが一因だとされている。

　第三にあげた、メディアへの接触・アクセスにおけるジェンダー格差の問題とは、メディアにおける表現の対象、受け手、作り手・送り手というそれぞれの立場において、男女の間で格差があることを意味している。この視角は、一部では先にあげた第一、第二の視点と関連している。ジェンダーの視点からみれば、とくに広告表現などにおいて、男性が表現の作り手・送り手としてその中心的な位置を占めているという現状が、結果として受け手として主に男性を想定し、あくまでも男性の見た目、主観によって女性を表現の対象としてとら

える，という構造を形成していることが明らかになる。つまり，女性がメディアへの接触・アクセスという点で疎外されていることが，メディアにおける性差別的表現の問題へとつながっていく，ということができるのだ。また，メディアの巨大化，商業化がもたらす必然として，メディアが男性中心的なものとなり，女性のメディアへの接触を制限してきたことを明らかにしたのも，この視角のもたらした成果のひとつであろう。

　この視角がもたらした研究成果と関連する実践活動として，近年，女性によるメディア表現を支援する動きが各地で活発化している。これは，日本各地の女性センターが中心となって行われているプロジェクトで，たとえば大阪府男女共同社会づくり財団が主催して女性監督による映像作品の上映会を行う，「女性映像フェスティバル」のような試みや，女性を対象とした映像作品制作のための講習会，メディア・リテラシー講座などが行われている。これらの動きは，メディア表現の作り手・送り手としての，主体としての女性を支援しようとするものである。

　また，新しく普及してきたメディア機器としてのパソコンとの接触に関しても，ジェンダー格差をみる動きがある。これは，ビジネスとパソコンとが比較的強い度合いで結びついていること，コンピュータそのものが「女性には不向き」と考えられている「機械」であることなどにその原因を求めることができる。しかし，ジェンダーの視点からとらえれば，機械を扱うことと女性であることとの間にはなんの関係もなく，したがってパソコンを扱うことが女性には不向きである，という言説は正当性をもたない。とはいえ，現実にはそういった言説を内面化している人が男女を問わず多く存在しており，そのことがパソコンという新しいメディア機器との接触に関して，ジェンダー格差を生んでいると考えられる。

　この格差を解消すべく，現在ではやはり各地の女性センターが中心となって，女性を対象にしたパソコン操作の基本的な講習会を開催している。そこから段階的に発展して，効率的な情報検索の方法，さらには女性がパソコンを用いて

第4章　メディア・リテラシーの視点からみた「メディア」と「ジェンダー」　71

自ら情報を発信するための技術講習やフォーラムなども多数開催されている。

　さらにこの視角で取り上げられているのは，CATVやミニコミなどといった，女性が多数参加している地域メディア・小規模メディアの重要性である。全国ネットのテレビ局や全国紙などの，いわゆるマス・メディアは商業化が過度に進行しており，そこから発信される情報もまた，「商業主義の論理」に影響をうけざるを得ない。その一方で，CATVやミニコミといった小規模メディア，地域メディアは，そのほとんどが商業的に採算の合う状況にはなく，無給のボランティアやパートによって支えられているのが現状であり，そういったボランティアやパートとして活動しているのは，主に女性という現実がある。これは労働形態との問題とも関係してくることであって，手放しで歓迎することはできないが，それでも女性がメディアの作り手・送り手の立場に立つ機会を得ることができる，という事実については，メディアとジェンダーの問題を考える上で好材料として評価されるべきであろう。

　したがって，商業ベースから離れていることと，現実に女性が運営の主体となっていることの両面から，商業主義に侵されていない情報を得，それを発信することでメディアにおける性差別的表現の問題を解決する上で，こういった小規模メディア，地域メディアが大きな役割を果たすのではないかと期待が集まっている。

　メディア組織におけるジェンダー格差という第四の視角は，日本においてはとくに大手の新聞社の人員構成における男女比率の極端なまでの偏り，という形で表面化しているということができるだろう。世界的にもこの視角は古くから取り上げられており，1975年にメキシコで開催された，第1回国連世界女性会議においても，「世界行動計画」としてマス・メディアで働く女性の絶対数を増やし，企画・管理部門を担当する女性の数を増加させることを決議している。

　この視角もまた，第一の視角，第二の視角と関係している。すなわち，メディア組織における男女比率の偏り，男性が圧倒的多数で女性がきわめて少数であ

るということが，男性中心的な視点を生み，性差別的な表現を流布させている，とする考え方であって，これはまた第三の視角であるメディアへの接触・アクセスにおけるジェンダー格差の問題とも関連している，ということができるだろう。メディアの作り手・送り手であるメディア組織から疎外されてきた女性が，作り手・送り手の意志決定機関に関与するようになることで，メディアにおける性差別的表現の抑止をはかる，という方向性がここから導き出されてくる。

また，ここであげた4つの視角とは別に，近年ではメディアとジェンダーの問題を考える上で，メディア・リテラシー（media literacy）という概念が注目されるようになっている。その概念の定義は広汎ではあるが，大まかにまとめれば，メディアからもたらされる情報を主体的に取捨選択し，活用する能力や実践のことを意味しているということができるだろう。これをジェンダーとの関連でとらえた場合，メディアがもたらすジェンダー・イメージを無条件に受け容れるのではなく，本当にその発信された内容が妥当なものであるのかどうかを検討する，という作業を意味するものとしてとらえることができる。現段階では，メディア・リテラシーをいかにして身につけるか，という点に重点がおかれており，したがってメディア・リテラシーといった時に，それは多くの場合，教育活動という側面からとらえられるのである。

さて，メディアとジェンダーをめぐるこれまでの議論は，主にマス・メディアを対象にしてなされてきたということができるだろう[2]。それは，マス・メディアが与える社会的影響力が大きなものであること[3]，さらにいえば，マス・メディアそのものがひとつの社会を形成していること，そして作り手・送り手の規模の大きさと受け手の規模の大きさとが等式でほぼ完全に結びついていたことなどから，当然のことである。

しかし時代の変化とともに，マスでないメディアの重要性も高まってきていると考えられる。これは，主にパソコンをはじめとする情報機器類の発達と普及によって，送り手の規模の大きさに関係なく大規模な受け手を相手にできる

ようになったこと，すなわち「1対多（one to many）」のコミュニケーションが比較的容易になったことと，BS，CS放送の開始によってもたらされた多チャンネル化現象が，小規模な受け手の重要性を高めたことなどが大きな原因としてあげられるだろう。したがってこれからメディアについて考える場合，マスでないメディアについても留意することが必要になってくるであろうし，ジェンダーとの関係で考えた場合，CATVやミニコミの果たす役割などから考えても，マスでないメディアの重要性は，より一層高いと考えられるのである。

第❷節　メディアにおける性差別的表現の問題

　ここまでにあげた4つの視角からとらえたメディアとジェンダーに関する問題はまた，メディアの受け手に関する問題と，作り手・送り手に関する問題とに分けることができる。本章ではとくに，メディアの受け手に関する問題としてメディアにおける性差別的表現の問題を，作り手・送り手に関する問題としてメディア組織におけるジェンダー格差の問題を，それぞれ検討していくことにする。

　ただし，これらの諸問題はそれぞれ独立して存在するものではなく，メディアにあらわれたジェンダーの問題を，いくつかの角度からとらえたものである。したがってこれらの諸問題は，表面的にはさまざまな様相を呈してはいるものの，それは問題のあらわれ方の違いであって，根本的にはメディアにあらわれたジェンダーの問題として相互に関係しあっており，共通の地平において解決への糸口を見つけ出さなければならないと考えられる。本章でもそのような見通しのもとに記述を進めていく。つまり，メディアにあらわれたジェンダーの問題のうち，もっとも目に見える形のものとして，本節でメディアにおける性差別的表現の問題を取り上げ，次節ではこの問題と関連する形で，メディアの作り手・送り手の問題としてメディア組織におけるジェンダー格差の問題を取り上げてこの両者の関係性を示すとともに，これらの諸問題を解決する糸口と

して「メディア・リテラシー」の概念が有効ではないかという見通しを示し、第4節においてその糸口となるであろう「メディア・リテラシー」の概念と、それに基づいた問題解決の方向性について詳述することとする。

まず、メディアの受け手に関する問題として、メディアにおける性差別的表現の問題を取り上げる。これまでの議論では、このメディアにおける性差別的表現の問題は、それを流布させている作り手・送り手の側の責任やその見識などを問うものが主流となっており、それは概ね妥当なものであろう。しかし、私はこの問題を受け手を主体としてとらえ直す視点を追加したい。それは、メディアの作り手・送り手の責任を問い、表現の是正を求めるこれまでの議論のなかに、いくばくかの疑問点があるからであり、また受け手を主体とすることによって、メディアにおける性差別的表現の問題のみならず、メディアとジェンダーにかかわる問題を、より広い視点から解決へ向かわせる糸口をつかむことができると考えるからだ。

これまでの議論で、性差別的だとして「問題」とされた表現のタイプは、大きくふたつに分けることができる。ひとつは性別役割意識を表現したものや、「男らしさ」「女らしさ」を強調した表現、もうひとつは、性暴力を表現したものやそれを連想させるもの、とくに女性を「商品」として扱った表現である。このふたつはそれぞれ、ステレオタイプ的表現の問題と、人権的問題ということもできるだろう。

前者の代表的な例としては、先にもあげたハウス食品の「ワタシつくる人、ボク食べる人」というフレーズのコマーシャルや、家庭用品のコマーシャルには主に女性を、滋養強壮剤のコマーシャルには主に男性を起用している実態などがあげられる。[4]また、後者の例としては、サントリーの「ローリングK」というバーボンの広告ポスターとテレビコマーシャルが、それぞれ女性に対するレイプを連想させるとして抗議をうけ、広告キャンペーンそのものが中止されたケースや、水着姿の女性を用いた、大手銀行による夏のボーナス預金勧誘ポスターが、1988年に日本女性学会の「広告ウォッチング・プロジェクト」が提

第4章 メディア・リテラシーの視点からみた「メディア」と「ジェンダー」 75

案した運動によって「女性差別である」と指摘された例などがあげられる。

　このように，メディアにおける性差別的表現の問題については，どのような表現が「性差別的」であるかを判断するために，「内容分析」を行うことが重要視されてきている。そこではもちろん，そういった表現がなされる文脈も重要な要素として考慮されている。しかし，実際になぜその表現が「問題」とされるのか，という点になると，決してその内容だけがとりざたされているのではない。そのような性差別的表現が問題として認識されるのは，もちろんその内容もさることながら，そういった「差別的」な表現がメディアを通して多くの人に伝えられているために，さまざまな人に対して社会的な影響を与えている，と考えられているからである。

　つまりこれまでの議論では，問題とされるような性差別的表現は，それがメディアを通じて人びとのイメージのなかに深く刻みこまれ，ジェンダー格差を是認するような意識を形成する役割を果たしているために，問題であると認識されてきたのだ。このことは，過去の議論のなかでもとくにテレビやコマーシャルが与える社会的影響力の強さが述べられていることなどからも裏付けることができるだろう。[5]

　こうした議論の流れのなかで，性差別的表現を行っているメディアの作り手・送り手に対してその責任を問い，このような表現の是正を求める，という方向性は，一応は妥当なものとして認められるであろう。しかし先にも述べたように，私はこの問題にメディアの受け手を主体とする視点を追加したい。なぜならば，私はメディアがもつ社会的影響力というものに対して，いささか疑問を抱いているからである。

　たしかに，テレビをはじめとしたいわゆるマス・メディアは，非常に多くの人に対して，ほとんど一方的な形で情報を伝達することができる。そうやって伝達された情報が，世間の大方の意見，すなわち「世論」として一般性をもつものとして，または「世論」に沿ったものとしてとらえられている，ということも否定できない。だから，メディアは「社会的公器」であって，性差別的な

表現内容を伝達することは好ましくない、という意見には一定の正当性と説得力があると考えられる。

しかし、テレビをはじめとしたメディアのもつ社会的影響力とは、それほどにまで強力なものなのだろうか。たしかに、メディアからもたらされる情報はあらゆる面で、さまざまな形でわれわれに影響を与えている、と考えることができる。だが、われわれはメディアからもたらされた情報のすべてを、無条件に受け容れているだろうか。私は決してそのようなことはないと考える。古典的なメディアの効果研究からも、それは明らかになっているといえよう。[6] メディアにおける性差別的表現の問題に則して考えても、そのような表現がそのまま人びとに受け容れられ、ジェンダー格差を是認する意識を形成する働きをしている、というのはいささかメディアの力を過信しすぎで、メディアの受け手であるわれわれのコミュニケーション能力を無視しているようにも感じられる。「男女の平等を求める」というジェンダー論の立場からすれば、性差別的な表現は流通させるべきではないが、こういった表現がメディアを通じて流されるために人びとに悪影響を及ぼしている、というこれまでの論理は、必ずしも正しいとはいえないのではないだろうか。したがって、メディアのもつ社会的影響力を否定はしないが、これまでの議論のようにそれを絶対視する傾向には、いささかの抵抗を禁じえない。

メディアが受け手に与える影響をとらえた研究としてあげられるのは、ヒルド・ヒンメルワイト（Hilde Himmelweit）による子どもとテレビに関する研究である。ヒンメルワイトはその論文「子どもとテレビ」[7]のなかで、テレビやラジオ、映画や本といったメディアが、子どもにとって「社会化の動因」となり得るが、メディアは子どもに直接的な影響を及ぼさないという点で、教師や仲間といった、他の社会化の動因とは区別されることを指摘し、メディアのもつ社会的影響力の存在を認めている。しかし、メディアを文脈のなかでとらえることの重要性を指摘し、「どのような条件の組み合わせのもとで、メディアが社会化の動因としてより強い影響をもつのか、ということを問わなければな

らない」として,その力が絶対的なものではないことも示している。また,同論文のなかで教育番組と子どもとの関係について言及した箇所では,メディアから得た知識や情報が,必ずしも子どもの態度そのものを変容させるわけではない,ということを示し,「何を取り上げ,それを受容するかを決めるものは態度であり,価値であり,行動であって,それらは固定されたものではなく,直接的な個人の経験を拠り所にしている。もし,その情報が主体の経験と非常になじみがないもの,非常に接点のないものであれば,それはおそらく大きな影響を与えないだろう」として,メディアからの情報の受容過程における,受け手自身の直接的な経験の重要性を指摘している。

　上記のようなヒンメルワイトの知見からも理解できる通り,たしかにメディアのもたらす情報は人々に影響を及ぼしはするが,受け手は必ずしもそのすべてをそのまま受容しているわけではない。その情報を受容し,個人の意識に内面化するには,メディアからもたらされた情報内容が個人の直接的な経験と関連している必要があるのだ。これらのことから,メディアにおける性差別的表現の問題を,受け手を主体としてとらえ直すことが必要なことがわかる。

　また,メディアは本当に「社会的公器」なのであろうか。私はそうは思わない。本来,メディアが公的な性格を有していることは間違いない。だが今日の日本においては,雑誌はもちろんのこと,テレビにしても新聞にしても,その商業的な側面を抜きにして語ることはできないだろう。つまり,メディアとてひとつのビジネスとして成り立っているのである。したがって,そのことの是非はともかく,ビジネスである以上,商業的に利益を得るためにはある特定の視点に集中したり,逆に特定の視点を無視したりする,という事態が現実として生じ得る。言ってみれば「売れる」表現であればそれを用い,「売れない」表現ならば用いないということである。これは,一般に中立性を旨としているとされる報道メディアについても同様で,そもそもあるものを表現・伝達するという場合,純粋に客観的なものなど存在し得ないであろう。そのため,たとえそのような表現が問題と見なされるようなものであっても,たとえば性別に

関するステレオタイプ的な表現であっても，性差別的な表現であっても，メディアにとって利益を生むものと判断されればそのような表現もメディアからもたらされるのである。

　しかし，このように述べたからといって，性差別的表現そのものを是認する訳ではない。ここで言いたいのは，日本におけるマス・メディアのなかには，ビジネスの論理が先行せざるを得ない状況も存在し，性差別的表現の問題にはそのような要因も絡んでいる，という現実であり，したがってメディアにおける性差別的表現の問題は，作り手・送り手の責任や認識を問うこれまでの流れだけでは不十分だということである。

　メディアがビジネスの論理で動かざるを得ない状態にある以上，問題と認識されるような表現が作り手・送り手によって「売れる」，つまり「一般受けする」と認識され，流布されることもある。したがって，メディアにおける性差別的表現の問題を解決する上で必要なのは，作り手・送り手に表現そのものの是正を求めることだけではなく，そのような表現が「一般受けするであろう」という作り手・送り手側の認識を変えさせることであり，それは受け手が性差別的表現について敏感になることではないか。多数派の受け手が変化しない限り，作り手・送り手のビジネスの論理が変化することはないのだから。そしてそれはもちろん，受け手が男性であろうが女性であろうが関係はない。性差別的表現の問題を含め，ジェンダーに関する問題とは，本来男性であれ女性であれ，人間として社会生活を営んでいる以上，必然的に関わりをもつ性質の問題なのである。こういった点からも，この問題に受け手を主体とした視点を追加することの必要性が感じられる。

　受け手を主体にしてこの問題をとらえ直した時に注目されるべき点は，メディアからの情報内容を個人が受容する過程であり，そこでもっとも大きく作用すると目される個人の直接的な経験であり，より具体的には，受け手としての能力，つまりはメディア・リテラシーである。情報を取捨選択し，活用するコミュニケーション能力という意味合いでのメディア・リテラシーという概念は，今

日では一般的な言葉として定着しつつあるといえよう。しかし，受け手個人のリテラシーを向上させるだけではこの問題は解決しない。受け手のメディア・リテラシーの向上は，問題解決への糸口に過ぎないのである。

第❸節　メディア組織の問題

　前節の冒頭で述べたように，メディアにあらわれたジェンダーの諸問題は，相互の関係性のなかでとらえられなければならない。前節で取り上げた，メディアにおける性差別的表現の問題は，本節で取り上げるメディア組織におけるジェンダー格差の問題とも通底している。だが，それはこれまでの議論でいわれてきたように，メディア組織が男性中心の体制を採っていることが性差別的な表現を生み出している，という意味で関係しているのではない。私は，メディア組織において，ジェンダーに関わるとされる問題を一定の場に囲いこむことが，性差別的表現を生み出すことに関係していると考える。そういった意味で，メディア組織におけるジェンダー格差の問題が，性差別的表現の問題と深く関わっていると考えるのだ。

　メディア組織におけるジェンダー格差の問題は，主に大手メディア組織を構成する人員の男女比率の極端な偏りとしてあらわれる。日本における大手新聞社や全国ネットのテレビ局（いわゆる「キー局」）などの人員構成を単純にみても，そこに占める男性の比率はきわめて高い。[11]さらに，それらの組織において意思決定に携わるとみなされる，役員の男女比率を見た場合，男性への偏りはいっそう顕著なものとなる。これまで，メディアとジェンダーの問題をめぐってなされてきた議論の多くは，メディア組織における人員構成がこのように男性に偏っていることを指摘し，それゆえにメディア組織自体が「男性中心の視点」を備え，その結果として性差別的な表現が生まれる，としている。そしてそのような表現の問題を解消するために，メディア組織により多くの女性を採り入れ，それによって「男性中心の視点」を変革することを提言している。

しかし、それは本当に問題の解決になるのだろうか。たしかに、現在ジェンダーに関わる問題とされているものは、女性の置かれた不利な状況やある場面における女性の不在、疎外を意味するケースがほとんどである。したがって、それを解消するために女性の進出を推進するという方向性は、必ずしも誤りではない。だが、それは問題解決のための一助であって、最終的な到達目標ではない。

しかも、女性の進出を推進する方向性には、本質主義の危険性も付きまとう。「男性中心の視点」を変革するための一助として女性の参画を促すという論理の背後には、女性には女性ならではの視点が存在する、という考え方が透けて見える。

人員構成上、男性が多くを占めているからものをみる際の視点が「男性的なもの」に偏る。それをかえるために「女性的な視点」をもった女性を投入する。だが、そのような「男らしさ」「女らしさ」というものが、本当に存在し得るのだろうか。ジェンダー論の立場からすれば、誰にも共通な「らしさ」などというものは存在し得ないと考えられる。たしかに現実の社会では、何が「男らしい」「女らしい」のかということについて、超越的な基準もしくは規範が存在しているかのように思われている。それを「自然」という言葉に置き換えても良いだろう。だが、実際には「男らしさ」も「女らしさ」も、人間が恣意的に作り出した構築物、いわば「幻想」に過ぎない。超越的な「らしさ」の基準など、どこにも存在しないのだ。「男らしさ」「女らしさ」は、決して「自然」でも「本質」でもない。

性差別的表現を生むとされている「男性中心的な視点」も、本当はどこにも存在しない。ただそこには、「男性中心的な視点と意味づけられている視点」があるだけだ。したがって、男女の比率を等しいものにしようとする試みだけでは、性差別的表現の問題をはじめとした、メディアにあらわれたジェンダーの問題を解決することはできない。つまり、メディアにおけるジェンダー格差の問題とは、決して人員構成上の問題ではないのだ。

では，問題の所在はどこか。私はその糸口を，しばしば肯定的な意味で用いられる「女性ならではの視点」という表現に見い出す。これは，一面ではこれまでのメディアにはなかった新しい表現を生む可能性を秘めた，口当たりの良い言葉である。しかし，その口当たりの良さに惑わされてはならないであろう。「男性中心的な視点」なるものが幻想だとするならば，「女性ならではの視点」などというものも幻でしかない。「女性ならではの視点」を信じこみ，それに拘泥することは，特定の問題を「女性のもの」として囲いこむことと表裏一体の関係にある。そしてそのような，特定の問題の「囲い込み」こそが，メディア組織における問題として指摘されるべき性質のものだと考えるのである。

　たとえば，日本の新聞にはほとんどの場合，家庭面もしくは生活面という名のページが存在する。基本的にはその名の通り，簡単な惣菜のレシピやちょっとした家事のコツや近所づきあいのマナーなど，日々の家庭生活を営む上でのヒントとなるような記事が掲載されている。そういった点から，作り手・送り手の側がこの面の中心的な購読者として意識しているのが女性，それも主婦層であることがうかがえる。ところがこの面を仔細に見れば，そこには本来社会面や経済面で扱われて然るべき話題，たとえば女性の就職難や男性の育児参加，企業の育児休業体制づくり，介護福祉制度に関する話題などといった記事までもが掲載されていることにも気付く。また，子どもに関わる問題や教育問題までもが掲載されているケースも多い。つまり，福祉や育児，ジェンダーに関わる話題が「女性のもの」，それもほとんどは主婦のものとして，この家庭面もしくは生活面にひとまとめにして掲載されているのである[12]。そして現在，こういった問題を追及することこそが「女性ならではの視点」として，肯定的な評価をうけているのだ。

　私はここに，メディア組織におけるジェンダー格差の問題をみる。つまり，特定の問題を「女性のもの」として，家庭面や生活面などに囲い込んでしまっている点こそ，メディア組織の問題として指摘されるべきだと考えるのだ。もちろん，ある程度の読者層を想定して紙面をつくることは，作り手・送り手に

とっても受け手にとっても必要なことではある。だが，社会面や経済面に掲載されるべき問題までもが家庭面や生活面にまとめられてしまっている現状は，一種の囲い込みでしかない。また，社会部や経済部，政治部と比較して，家庭面を担当する文化部，生活部という部署は，新聞社のなかでは「二流部署」という認識があるという。このような格付けは，家庭面，生活面を一段低いものとする新聞社の認識のあらわれであり，そういった認識こそが，特定の問題を「女性のもの」として囲い込むことにつながっていると考えられる。

先にも述べたように，どのような問題であれ，「男性のもの」「女性のもの」とされてしまうような問題など，本来的には存在しない。にも関わらず，ある種の問題についてそれが「男性のもの」「女性のもの」という選別作業を行ない，「女性のもの」とされる問題を追及することこそが「女性ならではの視点」として肯定的にとらえられている現状は，ジェンダーに関わる問題を解決しようとすること，つまり「男らしさ」「女らしさ」という幻想を解消しようとする試みとは逆行するものであろう。ある種の問題を「男性」「女性」という性別カテゴリーに囲い込むことは，メディアが現実社会で流通している「男らしさ」「女らしさ」というステレオタイプと幻想を再生産し，強化する実践に他ならない。そしてその実践はまた，性差別的表現を生み出すこととも密接に関係しているのである。

同様に，「女性ならではの視点」が期待され，当事者もそれを標榜しているケースが多いのが，CATVやミニコミなどの，地域メディア・小規模メディアとよばれるものだ。[13] これは，情報インフラの整備やパソコンをはじめとする情報機器の一般家庭への普及などによって発生し，活発化してきた新しい分野だということができる。これらの地域メディア・小規模メディアの活発化は，コミュニケーション形態を変化させる可能性も秘めている点で注目される。

これまでは，規模の大きな受け手を相手にするような媒体を事業化するためには作り手・送り手の規模も大きくなければならず，そういった意味で受け手の規模の大きさと作り手・送り手の規模の大きさとが分かちがたく結びついて

いた。これに対してこの新しい分野のメディアは，少数の作り手・送り手でも，これまでの大規模な作り手・送り手が制作していたものと遜色ないレベルのソフトを作り出すことで，大規模な受け手を相手にすることを可能にしている。そこには，とくにパソコンの普及による活字メディアの編集・制作作業の容易化が重要な要因としてあげられるであろう。CATVやミニコミは，これまでは非常に厳しいと考えられていた「1対多」という形態のコミュニケーションを実現させる可能性をもっているのだ。

　そしてこのコミュニケーション形態の変化は，当然，メディアから伝達される情報内容にも変化を及ぼすことにつながるであろう。これまでの規模の大きなメディア，いわゆるマス・メディアがもたらしてきた情報内容は，その組織の性格上，新聞社なりテレビ局なり出版社なりといったメディア組織全体の意識を反映した性質のものにならざるを得ず，それは同時に社会全体のなかで多数派を占める意識の反映でもあって，それゆえに記者や編集者など，個人としての作り手・送り手の意志・意図・価値観をすべてそのまま伝達することは不可能に近いことであった。

　しかし，CATVやミニコミといった新しいメディアは，その作り手・送り手の規模が小さいことや，商業的なベースに乗っていないということなどから，個人としての作り手・送り手の意志や意図をそのままに近い形で伝達する可能性が，マス・メディアよりも高いということができる。したがってこれら地域メディア・小規模メディアは，メディアによる情報伝達の形態と内容の両者を変革する可能性をもつものとして，重視されなければならない存在なのである。

　しかし，これら新しいメディアを取り巻いている現状は，決してなまやさしいものではない。CATVやミニコミへの認知度は，まだ一般的には高いとはいえず，したがってビジネスとしても採算が合わない状態で運営されているメディアがほとんどである。そのため，メディアを運営するためには人件費を抑えなければならず，無給やそれに近い状態で働くボランティアやパートタイム労働者が主体となっているのが現状である。そして現在の日本の就労形態的な

特性から，女性がそのようなスタッフとしての中心をなしている。この点は，多くのNPO（非営利組織）の構造と似通っている。そしてここにもマス・メディアの場合と同様，メディア組織としての問題を指摘することができるのだ。

まず，現状としてCATVやミニコミを運営するスタッフは，女性が中心となっている。しかしそれは，商業上採算が合わないために人件費を抑える必要があること，そして日本の就業形態の特性などが影響していることが背景となっている。にも関わらず，女性が中心となって運営されている，という現象面だけをとらえることで，これら新しいメディアに対して「女性ならではの視点」を求め，ジェンダーに関わる問題を解消するための働きを求める声は高い。そしてメディアの作り手・送り手の側も，そのような「女性ならではの視点」を標榜するケースが目立つ。

だが，ここまで述べてきたように，そのような視点を強調することはかえって現実社会における「男らしさ」「女らしさ」のステレオタイプを強化することにつながり，ジェンダーの問題を解消する上では決して有益ではない。地域メディア・小規模メディアに携わる人までもが「女性ならではの視点」を強調し，それに拘泥することは，結局そこで行われることがマス・メディアの焼き直し，規模の小さい家庭面や生活面の再生産に陥る危険性が高いことを指摘しなければならない。

とはいえ，CATVやミニコミのもつ可能性は本来，ジェンダーに関わる問題を解消する上でも有効に作用すると考えられる。そこで必要なのは，「女性ならではの視点」に拘泥しない，惑わされないような，作り手・送り手としての能力を手にすることであろう。しかし，それはこれまでのマス・メディアのノウハウを踏襲するということではなく，規模の小ささや，必ずしもビジネスの論理に縛られないという点で，従来のマス・メディアのものとは異なった新たな情報伝達の形態を行う可能性をもつ，というその特性を活かした能力を形成することであって，従来用いられてきた意味とはやや異なった，新しい意味でのメディア・リテラシーを身につけることである。

──── 第❹節　メディア・リテラシーとその重要性 ────

　私はここまで，メディアにおける性差別的表現をその中心的な軸として，メディアとジェンダーに関する問題についてのこれまでの議論と，私なりの見解とを示してきた。今一度それらをまとめると，メディアにおける性差別的表現の問題は，これまでの議論が示してきたようなメディアの作り手・送り手の責任や見識に関わる問題というだけではなく，受け手の能力や意識にかかわる問題でもあって，これからはそのような受け手の「メディア・リテラシー」という側面に注目しなければならないことを述べた。またこれまでの議論では，性差別的表現を生み出す原因の一端が，メディアの作り手・送り手における男女比率の不均衡にあるとされていたが，必ずしもその是正が問題の解決につながるのではなく，むしろ作り手・送り手がある種の問題を「男性のもの」「女性のもの」として選別している点にこそ問題があるとして，そういった認識の改善こそが問題解決には必要であるとの認識を示し，その際にCATVやミニコミなど，小規模かつ商業ベースには必ずしも乗っていないような新しいメディアが，性差別的表現をはじめとする，ジェンダーに関わる問題を解決する上で重要な役割を担う可能性があることを述べた。そしてそこで必要とされるのが，従来の意味とは少し異なった意味でのメディア・リテラシーを獲得すること，すなわちマス・メディアの手法とは異なった，作り手・送り手としてのコミュニケーション能力と技法を養うことであることを示した。
　本節ではこれらを総合して，メディアとジェンダーに関わる問題を解決する上で大きな役割を果たすと考えられるメディア・リテラシーについて，私なりの見解を示したい。
　「メディア・リテラシー」という概念は，今日では比較的一般的なものとして通用していると考えられる。これは，従来からメディアとその社会的影響に関する研究が進んでいたアメリカやカナダで発達した概念で，この概念の世界

的な標準として広く用いられているのが，カナダ・オンタリオ州教育省による定義である。[14] 田上時子によれば，メディア・リテラシーの概念を教えやすくするために，オンタリオ州メディア教育カリキュラム作成の責任者はその要点を，①メディアは現実を構成する，②メディアは識別可能な技術を用いる，③メディアは商業的な利益をねらったビジネスである，④メディアはイデオロギーや価値観を伝えるメッセージを含んでいる，という4点に絞っているとしている。[15]

これらのことから，この概念では主に受け手がメディアに対して，その意図を読み取ることができるように照準されていることが理解できる。同様のことは，この概念を説明する際に必ずといっていいほど用いられる「クリティカル（批判的）」という言葉からもうかがうことができるだろう。メディアをクリティカルに読み，メディアのクリティカルな受け手になること，「メディア・リテラシー」概念で目指されているのは，主にこのような事柄である。それゆえ，この概念はメディアの受け手であるわれわれがそれを「学ぶ」ということと非常に強く結びついている。[16]

だがここで，メディアのもたらす情報内容が個人に知識や行動の指針などとして内面化されるためには，それが個人の主体的な経験と関連していなければならない，としたヒンメルワイトの指摘を思い出さなければならない。それは，個人が本来，外部から与えられた情報に対してのクリティカルな認識力を備えており，そのような認識に基づいて情報を取捨選択していることを示唆している。つまり，われわれは本来，メディアに対してもクリティカルな認識力を備えているはずなのだ。にもかかわらず，われわれは確たる拠り所もないままに，メディアを何となく権威的なものとしてみてはいないだろうか。メディアを通じてもたらされた情報内容に対して，「価値中立的である」とか「真実である」などといった，緊張感を欠いた正当性や信頼性を付与し，それ以上疑うことを放棄しがちではないだろうか。

したがって，われわれがメディア・リテラシーを学ぶということは，決して「今まで知らなかったことを新たな知識として得る」というスタイルの学びで

はなく,「自らの認識を改める」という意味での学びなのである。

　そういう意味で,メディアが現実をそのまま反映しているのではなく,一定の主観に基づいて構成されていること,メッセージが伝わりやすくなるようにさまざまな技術を用いていること,利益を目的としたビジネスの一種であること,ある種のイデオロギーや価値観を伝えようとする性格をもつものであること,といった,いわば情報読解能力としてのメディア・リテラシーを学ぶことは,受け手であるわれわれが本来もっているクリティカルな認識力がメディアのもたらす情報内容に対しても用いることができることに気づくうえで非常に大切なことである。ただし,クリティカルにメディアをみるということは,メディアのもたらす情報内容に対していたずらに冷笑的な態度をとることと同義ではない。現実問題として,われわれはさまざまなメディアがもたらす情報なしには知識を得ることも,行動の指針を得ることも難しい。受け手としてのわれわれが学び,気付くべき情報読解能力のメディア・リテラシーとは,日常生活のなかでメディアからもたらされる多様な情報に対しても自らの考えで取捨選択し,それを解釈できることに気付くことであり,そのための知力と主体性を意味するのである。

　その一方で,また異なった意味でのメディア・リテラシーの重要性も指摘したい。それは第3節の最後で指摘したような,作り手・送り手としての能力である。CATVやミニコミのみならず,インターネットを用いたWebサイトやメールマガジンなども含め,現在の日本では情報の発信者となり得る機会が非常に多いということができるだろう。それゆえ,情報発信者,つまりメディアの作り手・送り手としての能力を身につけることの必要性はきわめて高くなっている。だが,そういった能力を身につけることでもたらされるべき真の効果とは,作り手・送り手としての能力の向上ではなく,やはり受け手としてのリテラシーの向上なのである。そういった意味で,メディアの作り手・送り手としての能力を学ぶこともまた,メディア・リテラシー概念の範疇に含むべきだと考えられる。

だが，そのような能力は決して，マス・メディアの技術やノウハウをそのまま踏襲することではない。いかに情報機器や情報インフラの点で整備が進んだからといって，マス・メディアと地域メディア・小規模メディアの間には，技術的にも資金的にも大きな隔たりがある。第一，マス・メディアのスタイルを真似することに意味はない。地域メディア・小規模メディアは商業的ベースに乗りにくいメディアであり，規模が小さくかつ受け手と双方向的である，というその特性からすれば，マス・メディアに対するカウンター・パンチ的な存在になる可能性をもっているし，そうなることこそが，この新しいメディアの存在意義だということもできるだろう。つまり，地域メディア・小規模メディアはその規模の小ささと双方向性，商業的なベースに乗りにくいという特性のゆえに，マス・メディアが取り上げることのできなかったような地域に根ざしたテーマやマイノリティ的な存在にも光を当てることができるのだ。

ジェンダーの問題も，商業的ベースに根ざしているマス・メディアにとっては便利な存在であるステレオタイプの反省をうながし，自らもたらしている情報内容の再考をも迫る厄介な存在でしかない。したがって，作り手・送り手の一部からそのような視点がもたらされたとしても，メディア組織全体として，そういった視点が自らにとって有益である，というコンセンサスが得られていない現状では，マス・メディアからはジェンダーの社会構造的問題を提起するような視点は生まれにくいといえよう。

だが，商業ベースに乗り切っていない地域メディア・小規模メディアは，むしろジェンダーの問題のような，マス・メディアが本腰では取り組まないようなテーマを取り上げること自体が作り手・送り手の利益となり得る。また規模が小さく受け手との双方向性が重視されているだけに，自らの作っているものへの反省もメディア組織にとって不可欠となる。つまり，作り手・送り手の能力としてのメディア・リテラシーとは，商業の論理に惑わされず，多数決に流されずに「人々は何を求めているのか」という視点からテーマを探し，それを人に伝え，その内容を幅広い視点から反省的にとらえる能力を養うことを意味

するのである。そういった視点は「男性中心のもの」でも「女性ならではのもの」でもないのだ。

おわりに

　ジェンダーに関する問題は，根が深い。それは，「男らしさ」「女らしさ」が超歴史的かつ自然なもの，「当たり前のもの」として自明視されていることに大きな原因があるだろう。「男らしさ」「女らしさ」の本質的な存在を前提として，制度や知識，さらにはものの考え方までを含みこんだ，広い意味での社会環境が形成され，その中で日常生活を過ごしているわれわれにとって，そのような「らしさ」を問い直すことは，これまでに形成されてきた社会環境を問い直すことでもあり，それはきわめて厄介な問題でもある。
　しかし，「らしさ」が恣意的に形成されているものであるなら，そしてそれに基づいて形成されてきた社会環境がどこかで歪みを生じさせているのなら，それはやはり問い直されなければならないだろう。もちろん，現在あるものを問い直し，その上で新しいものをつくるという試みは容易に進行するものではない。そこにある種の絶望感を見い出しても仕方ないのかもしれない。
　だが，それでも「男らしさ」「女らしさ」への問いかけを止めてはならない。問い続けること，問いかけの連続的な実践こそが，やがては現実を変えていくことへとつながる唯一の道なのだから。
　メディアに関してわれわれができることは，情報読解能力としての「メディア・リテラシー」と作り手・送り手の能力としての「メディア・リテラシー」を身につけ，ある時はマス・メディアのもたらす情報に対するクリティカルな受け手として，ある時は発信するべき情報内容を自ら選択する力を備えた作り手・送り手として，ジェンダーの問題についてかかわり続けることである。マス・メディアを支える商業的な基盤は，また非常に気まぐれな一面をもつ。われわれが今ある性差別的表現やステレオタイプ的表現に対して問いかけを続け

ることが，やがてはマス・メディアの売れる表現に対する認識をかえることになるかもしれない。性差別的表現やステレオタイプ的表現が売れない表現と認識された時，そういった表現はマス・メディアから消えていくことになるだろう。メディアとジェンダーに関わる研究テーマを探求する私は，そうなるまで問いかけを続けていかなければならない。

(藤山　新)

注
1)　日本では，1975年の国際婦人年をきっかけとして，女性研究者によるメディア研究の気運が高まり，1980年代後半に「女性とメディア研究会」を中心として，ジェンダーとメディアに関する研究が本格化して行ったということができる。
2)　ここでの「マス・メディア」とは，たとえば全国ネットのテレビ局や全国紙，さらには雑誌などの，いわゆる「マス・メディア」を念頭においている。
3)　ここでは「不特定多数に，一方的な形で情報を伝達することができる」という程度の意味でこの言葉を用いている。
4)　たとえば，若い夫婦という設定の男女のうち，男性が会社へ行き女性がそれを見送る，というパターンだった武田薬品の「アリナミンV」のコマーシャルが，視聴者からの抗議をうけて，夫婦ふたりで出勤するパターンへと変更された例は記憶に新しい。
5)　「CMというメディアは大きな影響力をもつ。日常的に，大量に，否応なく流れてくる視聴覚広告－テレビCMは他の広告以上に意識・文化をかえる力をもっている。(中略) 企業は，商品名を覚えてもらい自社のイメージを良くするために，CM制作に多額の費用をかけている。記憶に残り，購買に結びつけるために，社会学，心理学，マーケティング理論を駆使してCMをつくる。聴覚から入ったCMソングを無意識に口ずさむように，視角から入った映像は脳裏に刻まれ，無意識に内面化し，意識形成に影響する。」(小川真知子「テレビコマーシャルを斬る」加藤春恵子・津金澤聰廣編『女性とメディア』世界思想社　1992年　128～131ページ)
6)　メディアによる効果研究の流れをみれば，初期にはメディアの効果が絶対的なものであるとした「強大効果モデル」が主流だったのに対して，その影響力を限定されたものとしてとらえる「限定効果モデル」，さらにはオピニオン・リーダーを介在した「二段階の流れ仮説」，流行理論へとつながる「イノヴェーションの普及過程モデル」と，直接的な効果よりも間接的・副次的な効果を重視する見方へと変化している。
7)　Himmelweit, H., "Children and Television" in Dennis, E.E, and Wartella, E. (eds.), *American Communication Research : The Remembered*

History*, Lawrence Erlbaum, 1996, pp.71～83.
8) *Ibid.*, p.71.
9) *Ibid.*, p.80.
10) とくに報道メディアの場合，できる限り幅広い立場から客観的に物事を伝えなければならない，とするのは当然のことである。ここでの「公的な性格」とは，主にこういった点を念頭においている。
11) たとえば日本新聞協会の実施した調査によれば，1993年の時点で日本新聞協会に加盟している新聞社全体での女性従業員の割合は全体の8.9％，女性記者の割合は2.5％などとなっており，また日本民間放送連盟の行った調査によれば，民間放送局では同時点で，女性従業員の割合は20.5％，制作過程に加わる女性の割合は6.8％などとなっている。詳細な数字等については井上輝子・江原由美子編『女性のデータブック第二版』有斐閣 1995年を参照。
12) とくに端的な例としてあげられるのは，朝日新聞が土曜日に別刷りとして刊行している『be』であろう。これは，青をイメージカラーとした『b』という紙面で主にビジネスに関する話題を，赤をイメージカラーとした『e』という紙面で主にファッションや料理，伝統文化などに関する話題を掲載しているものである。
13) テレビ放送の電波格差を解消するための共同受信施設として開始されたCATVは，1960年代後半より自主的な番組の制作・放送を行う「都市型CATV」が登場した。本章での「CATV」は，とくにこの「都市型CATV」を想定している。とくに「都市型CATV」の場合，1地域1局に限定されていることから，そのサービスエリアを非常に狭い地域に置いているという点で「地域メディア」として定義することができると考えられる。
14) カナダ・オンタリオ州教育省による「メディア・リテラシー」の基本概念は以下の通り。
    ①メディアはすべて構成されている。
    ②メディアは「現実」を構成する。
    ③オーディエンスがメディアを解釈し，意味をつくりだす。
    ④メディアは商業的意味をもつ。
    ⑤メディアはものの考え方（イデオロギー）や価値観を伝えている。
    ⑥メディアは社会的，政治的意味をもつ。
    ⑦メディアは独自の様式，芸術性，技法，きまり／約束事（convention）をもつ。
    ⑧クリティカルにメディアを読むことは，創造性を高め，多様な形態でコミュニケーションをつくりだすことへとつながる。
（鈴木みどり編『Study Guide メディア・リテラシー【入門編】』リベルタ出版 2000年より）
15) 田上時子「テレビ・リテラシーの理解と実践」津金澤聰廣・田宮武編著『テレビ放送への提言』ミネルヴァ書房 1999年 69～88ページ
16) 「メディア・リテラシーは生涯を通した学習過程である。ゆえに，学ぶ者が強い

動機を獲得することがその主要な目的である。」Len Masterman, "Media Education : Eighteen Basic Principles", *MEDIACY*, Vol.17, No.3, Association for Media Literacy, 1995.（宮崎寿子・鈴木みどり訳）

参考文献
井上輝子・江原由美子編『女性のデータブック　第二版』有斐閣　1995年
加藤春恵子・津金澤聰廣編『女性とメディア』世界思想社　1992年
アート・シルバープラットほか，安田尚監訳『メディア・リテラシーの方法』リベルタ出版　2001年
鈴木みどり編『Study Guide メディア・リテラシー【入門編】』リベルタ出版　2000年
田中和子・諸橋泰樹編『ジェンダーから見た新聞のうら・おもて－新聞女性学入門－』現代書館　1996年
津金澤聰廣・田宮武編著『放送文化論』ミネルヴァ書房　1983年
津金澤聰廣・田宮武編著『テレビ放送への提言』ミネルヴァ書房　1999年
諸橋泰樹『ジェンダーの罠－とらわれの男と女－』批評社　2001年
ラモーナ・ラッシュ編，村松泰子編訳『新しいコミュニケーションとの出会い－ジェンダーギャップの橋渡し－』垣内出版　1992年

第5章　メディアとプロパガンダ

はじめに

　20世紀は大衆の時代であり，2度の世界大戦を通じて国民が国家に帰属させられた時代であった。世紀末に地域紛争を残しながらも，ソ連が崩壊し，東欧の社会主義諸国の雪崩的崩壊により，ヨーロッパの東西冷戦は解消され，90年代に入ってから経済の空前の好況に支えられたアメリカの覇権の下で全世界は完結するかのような，「グローバリズム（globalism）」がまことしやかにいわれ，イデオロギーの対立や社会矛盾はもはや存在しないかのように過小評価されるようになった。イデオロギーを対象とするプロパガンダというコミュニケーションは過去の遺物もしくは将来性のない議論の対象のような雰囲気があった。
　また日本はかつて天皇制国家をメディアの体制化と強権的な社会制度の下で構築しており，メディアはメディア統制のなかで神国日本の偉大さを鼓舞するための情報を伝え，国民は「臣民」であり，「天皇の赤子」とされていた。天皇の写真は御真影とよばれるイコンであった，など，プロパガンダは生活のアイテムであり，ライフスタイルそのものであった。メディアを通じて行われるイベントや倫理の実践はあまりにも生活や身体に内在化されすぎて，プロパガンダをプロパガンダとも思わない感性を産みだしてはいないかという，根源的な疑問がある。敗戦を終戦と婉曲し，なし崩しに天皇が国民統合の象徴としての法的地位を与えられ，マス・メディアのプロパガンダは占領軍によって戦争犯罪として立件されることなく，受け手からの糾弾によって人員が刷新されることも廃業もすることもなく，プロパガンダのシステムは戦後も存続し続けた

ことで，戦前の日本の異質な言説空間を検証する機会は失われたといえる。メディア上層部の公職追放はあったものの，プロパガンダに実際に従事した者が民主主義へ転向するためのプロセスは内部での自律的なものではなく，あくまで流動的なものであり，さらに日本が世界政治の力の均衡のなかで冷戦体制に組み込まれるのと機を同じくして，メディアも体制内に取り込まれ，現状を追認していくなかで独自性を失った。このような体制のなかでは，対抗プロパガンダはなかったに等しいといえなくもない。

　しかしどうであろうか。今世紀に入ってから，時に日本語で「宣伝」という解説のテロップを伴いながら「プロパガンダ」という英単語を聞く機会が多くなった。2001年9月11日の同時多発テロがもたらした，世界貿易センタービルに2機の旅客機が激突するという，ハリウッド映画のパロディのような光景を映し出した映像は，アメリカの文明を全否定するかのような原理主義者らからの強烈なメッセージ性を帯びていた。それに対する，アメリカのリアクションもまた，放送番組の自粛，テロを想起させる映画に対する「T指定」という視聴制限を設けるといった情報統制から，著名人を動員した慰霊セレモニーや大統領演説のセンセーショナルな言説という形でプロパガンダに終始しているのである。最近では，最後のプロパガンダ国家ともいうべき北朝鮮の映像や情報に触れる機会が多くなった。軍事パレードやマス・ゲームのパフォーマンス性，国力や生産力を過大に誇示する事大的な報道，国家元首を崇拝する民衆の態度など，どこまでも臆面なく，ストレートな自家撞着にも見えるプロパガンダを日本のメディアはこぞって取り上げている。しかし，それは1945年8月15日以前の日本にもごくありふれた心象風景であったことを忘れてはならない。プロパガンダはそのメディアを共有している人びととの共感や合理性の下に成立している以上は，プロパガンダであると自覚されることが困難である。その意味において，今，北朝鮮の人民には「プロパガンダ」はないということもいえるだろう。

　天皇制という政治シンボルを戴いていることでおきていること，条例をはる

かに超えたデシベルの街頭宣伝車が走行する国家の祝祭日，ワイドショーがこぞって政治家の趣味嗜好，ファッションを「政治を考える良い契機になる」と称して取り上げているという社会状況は本当にこの国に戦前と断絶した，「戦後民主主義」があったのかということを考えさせられる。

　戦後の日本の日常には表象的には熱狂的なマス・ゲームや偏った選挙運動は"ないこと"になっている。しかし，学校教育の運動会における整列や号令の動作，メディアが政治の公平公正の原則から逸脱しないものの，支援者を集めて行われる「時局演説」や誹謗中傷のパンフレット，そしてメディアを通じて大衆化した天皇制や，社会構造的に表現の自由や思想信条の自由に疑問を投げかけざるを得ない，メディアの過程や構造がある。それは意識的なイデオロギーに起因するのではなく，歴史的な経緯と心性に根ざしているものである。

　本章では，プロパガンダの概念を把握しながら，メディア構造のなかにおけるプロパガンダの文脈を考察し，現在のメディア・イノベーションや思想的潮流に則してプロパガンダを超克するメディアの機能を考察する。

第❶節　プロパガンダの定義

1. プロパガンダの辞書・事典の定義

① 　新村　出編『広辞苑　第五版』(岩波書店)。

プロパガンダ【propaganda】宣伝。とくに主義・思想の宣伝。
せんでん【宣伝】①述べ伝えること。②主義主張や商品の効能などを多くの人に説明して理解・共鳴させ，広めること。③大げさに言いふらすこと。

　一般的にはイデオロギーを扱う言説のジャンルとして，あるいはその伝播する過程の特徴を示す言葉として，日本では認識されているといえる。

② 　松田徳一郎編『リーダーズ英和辞典　第二版』(研究社)。

【propaganda】1 《主義・思想の》宣伝, 宣伝活動［工作］, プロパガンダ; 宣伝機関［団体］; 宣伝内容•make propaganda for……を宣伝する。2 ［the P-］【カト】《ローマの》布教聖省; ［the (College of) P-］布教神学校, プロパガンダ大学ロー

マ教皇ウルバヌス（Urban）8世設置》。[NL *congregatio de propaganda fide* congregation for propagation of the faith; ⇒ PROPAGATE]

【propagate】（他動詞）繁殖［増殖］させる，増やす；〈思想などを〉普及させる，宣伝する；〈音響・電波などを〉伝搬する，伝達する；〈性質などを〉遺伝させる；蔓延させる。（自動詞）繁殖［増殖］する；広がる；普及する；伝搬する。

　プロパガンダの語源は1622年ローマ教皇・ウルバヌス8世が設置した布教聖省（congregatio de propaganda fide）にあり，ひとつのイデオロギーを伝達していくためのコミュニケーションを組織的に行う，史上初の試みであるとされている。プロパガンダを行うもしくはプロパガンダの使命を全うすることを善とするカトリック教徒にとって，プロパガンダは神聖な使命感に満ちた宗教用語でしかなかったが，プロパガンダを施されることが，利益に反する立場のプロテスタントにとっては，虚偽，欺瞞，操作，洗脳といった方法をともなうプロパガンダは好ましからざるイメージも与え，プロパガンダは両義性をもつコミュニケーションとして始まった。さらにヨーロッパの市民革命では新聞やパンフレットを中心としたメディアは言説と政治の有機的な連関を「プロパガンダ」という形式において実現したのである。この伝統が先の大戦でより高度に組織化，巧妙化されたことは良く知られている。

　さらに，プロパガンダの内容を社会科学的に定義した事典や辞典の記述を紹介したい。

③　南　博監修『マス・コミュニケーション事典』（學藝書林）。

宣　伝　propaganda

　暗示，誇張，賞罰などの社会・心理的技術の援用を受けつつ，組織的なシンボル操作によって，行為の機能上の担い手である態度，信念，価値を一定の方向に水路づけし，究極的には予期された行為を自律的に活化させようとするコミュニケーション活動全般をいう。組織性という要素が日常のコミュニケーションと宣伝を弁別する原点であり，方向づけられた操作性の要素が教育と宣伝を峻別している。すなわち，教育の場にあっては論争のすべての側面を提示し，当面の問題の価値判断に関しては聴衆に結論が委ねられるのに対して，宣伝は用意された結論をいかに説得するかに力点がおかれ，巧妙にしくまれた議論や一義的なシンボルを提示することを特色とする。しかし価値・真理の相対性にかかわる問題においては，厳密な意味で教育と宣伝を区別することは不可能である。宣伝という用語は，1622年以来ローマカソリックの布教活動に従事した布教聖省

（Congregation for Propagation of the Faith）を簡略化した用法に由来している。したがって，このことばには歴史を背景として布教活動にまつわる責任とか尊敬といった言外の意味が含まれていた。これと似た用法はレーニン（Lenin, N. 1870～1924）の定義に基をもつマルクス主義者の間にみられる。レーニンは宣伝と煽動を区別しているが，彼の区別したところによれば，宣伝は教育があり，論理をわきまえた一部の人びとにマルクス・レーニン主義の原理を説明しようとする科学的論理的な議論の仕方であり，煽動は教育程度の低い一般大衆に喩え話とか，情緒的なスローガンを用いて影響を与えることである。

④ 森岡清美，塩原勉，本間康平編『新社会学辞典』（有斐閣）。

宣　伝　propaganda
立場や見解の対立する問題に関して，言葉やその他のシンボルを駆使して個人あるいは集団の態度と意見に影響を与え，意図した方向に彼らの態度や意見を変化させ，さらには行動を誘うことを目的とした，慎重に計画された説得コミュニケーション活動。また実際的行為を示すことを通して，目標とする対象において意図した効果を生み出そうとする「行為の宣伝」（propaganda of the deed）がある。宣伝主体の意図を宣伝客体において実現することが，その最終目標である。この点において，相手の自発性を引き出すことを主眼とする教育と区別される。宣伝は，1622年に始まるカトリックにおける体系的な教義の伝播活動に端を発する。旧ソ連における宣伝概念は，カトリックの概念の延長線上にあり，煽動と区別される。宣伝は少数の人びとに対してマルクス主義の理論的体系を教え，前衛を育成するのに対して，煽動は大衆に対してマルクス主義についての単純化した考え方を教えることである。現代では，宣伝はあらゆるコミュニケーション手段を通して行われる。

⑤ 大学教育社編『新訂版　現代政治学事典』（ブレーン出版）。

政治宣伝　せいじせんでん　＜英＞ political propaganda　言葉やその他のシンボルを活用して，多くの人びとに対してその信念，価値観や態度に強く訴えかけ，それらの人びとの思想や行動を恣意的に特定の方向に操作しようとすること。プロパガンダの訳語。政治が他者とのなんらかの形での共存をめざす以上，他者との関係は，対等で自主的な主体同士が結ぶ契約関係から，一方が他方を自主独立の主体から受動的な客体に変えてコントロールする支配服従関係までのあいだのいずれかの形をとることになる。こうした関係を形成するために，集団や個人が政治的活動をおこなう場合，さまざまな形でのコミュニケーションが必要である。政治宣伝は，広い意味での政治的コミュニケーションに含まれるが，その内容が恣意的であり，相手に対する操作の契機を含んでいる点で通常のコミュニケーションや自由な意見交換とは異なる。また，しばしば一面的，一方的な論理で構成されていたり，受け手の感情に訴える方法が用いられ，受け手に必要な情報を十分与えたうえで自主的に判断させる説得的方法とは異なる。

2. プロパガンダと類似概念との相違

① プロパガンダと教育は異なる

教育とは論争のすべての側面が一律に公開されたものであり、当面の問題の価値判断に関しては受け手の結論に委ねられるのに対して、宣伝は用意された結論を受け手にいかに説得するかに力点がおかれ、誘導されるべき結論に組織化された、巧妙なコミュニケーションやシンボルを効果的に提示することを特色とする、と区別されている。しかし、価値・真理にかかわる問題においては、普遍性を断定することができないために、教育と宣伝の接点はきわめてあいまいになるとも指摘されている。しかし、日本の教育の現場でしばしばみられる光景は、朝礼や校則の規定の内容にみられるように、画一的な服装や動作という選択肢のない「規格」が用意され、それを強制することを通じて、均質な中間層を社会へ送り込むことが想定されている、日本の教育には個人の価値観や個人的判断が反映される余地は極端に限られており、教育というプロセスは限りなく、プロパガンダの要素を含んでいるといえるであろう。

② プロパガンダと煽動は異なる

旧ソヴィエトの政治教育のスタイルとして、プロパガンダは論理をわきまえたエリート（前衛）にマルクス・レーニン主義の原理や論理的体系を印刷された言葉によって説明する科学的論理的な議論の方法論であり、煽動は教育程度の低い一般大衆に喩え話や情緒的なスローガンといった、生きた言葉を用いてマルクス主義についての単純化した考え方を教えたり、影響を与えることである、という区別がなされていた。プロパガンダが動員を目的としながら、社会主義体制のなかで政治教化の上位概念であったということを示し、プロパガンダが構造化、組織化された啓蒙を意味すると考えられる。しかし、今日のように基本的な読み書き能力としてのリテラシーが平準化、国民化、さらには大衆化された社会で、さらにソヴィエトが崩壊し、社会主義のイデオロギーが相対化された今日では、プロパガンダと煽動は「説得」あるいは「教化」、「世論操作」を目的とする用語としてほぼ同義語である。

③　プロパガンダと説得は異なる

(1)プロパガンダは一面的で一方的な独善的論理で構成されていたり，受け手の感情に訴える方法が用いられ，受け手に必要な情報を十分与えたうえで自主的に判断させる説得的方法とは異なる。(2)立場や見解の対立する問題において言葉やその他のシンボルという情報を積極的に駆使するのではなく，"必要な情報を十分与えた"かのように，構造的に統制して個人あるいは集団の態度と意見に潜在的に影響を与え，意図した方向に受け手の態度や意見を誘導し，(3)さらには受け手の行動を受け手自身が"自主的なものであった"と納得するように演出することができれば，一面的で一方的な独善的論理へと結果を収斂させることもできる。メディア環境に身を置いて状況判断をすることが常態化している現代ではメディアの機構は複雑になり，メディアとメディアを通じて世論を操作する立場と受け手の関係は単純なものではない。

メディアは現在，双方向化しており，送り手がコンテンツを送りながら，リアルタイムに「テレゴング」といった仕掛けで，受け手の嗜好の流動を数値化できる技術もあり，受け手の判断が「自発的」なものであったかと自覚するよりも早い段階で，コンテンツにフィードバックさせることが常態化すれば，「自発性」の有無によって説得とプロパガンダとを判然と峻別するわけにはいかない。今日的な意味でのプロパガンダは説得に限りなく近いものであろう。

④　まとめ

最近の体系化された理論的枠組みは，「プロパガンダはコミュニケーションの一形態で，したがって過程として描くことができる。プロパガンダ過程のモデルに含まれるのは，社会・歴史的な状況であり，政府，経済，出来事，イデオロギー，社会の神話などから成る文化の環であり，プロパガンダ機関であり，プロパガンダ代理人であり，メディアの方法であり，社会的ネットワークであり，大衆である。」[1]と包括的に述べている。原理的な民族紛争や地域紛争における対立関係のように，受け手－送り手の関係の構成は比較的単純で，そこに表出してくるプロパガンダが非常に極端で，判別しやすい形態でもとらない限

り，今日の大衆消費社会におけるプロパガンダはメディアの形態変化やメディア特性の重層化，共同体意識の希薄化，イデオロギーの相対化，国民国家意識のボーダーレス化によって，PRや広報との差異が判然としなくなった。また情報の流れは，送り手から受け手への一方向なものではなく，プロパガンダを再生産するためのフィードバックをも考慮しなければならず，プロパガンダの目的も複雑化もしくは曖昧化して，プロパガンダの手法，メカニズムがもっぱら日常世界に拡散し，あらゆるコミュニケーション過程に遍在しているものと理解すべきである。

第❷節　プロパガンダの方法

プロパガンダ主体が意図したメッセージを受け手に効果的に伝達するためには，即興的な演説やデモといった示威行動を行ったり，受け手にビラやパンフレットを繰り返し，大量に頒布するといった人海戦術，偉人や国家元首もしくは国家・民族といったイメージを編集・合成した切手や紙幣といったメディアを流通させ，受け手の情緒にプロパガンダ主体の意図を潜在的に刷り込んだりする原初的な手法があるが，本章ではメディア・システムや社会制度へとより構造的に組織化されたプロパガンダ手法を考察する。

1. メディア・イベントとしてのプロパガンダ

メディア・イベントという概念は，「(1)メディアが主催するイベント，(2)メディアに媒介されるイベント，(3)メディアによってイベント化される現実」[2]の3つに分類されるという。

(1)「メディアが主催するイベント」とは，マス・メディアが計画的に作り出し，自ら広報・販売活動を行うイベントで，明治期の大衆化した新聞社の事業・販売諸活動のために，各種博覧会や展覧会，音楽会，各種スポーツ・イベントなどが開催されたことがルーツとなっている。大正期に開局した放送局に

よるラジオ体操は，動員を情緒的に推進するものであり，ラジオというメディアが同一時間に日本国中の国民が送り手の一斉号令のもとで健康増進のための体操をし，送り手の時間，規範意識を民衆が無自覚のうちに体内に取り込むものであり，身体の動員の先駆けである。

(2)「メディアに媒介されるイベント」とは，イベントを開催する主体は必ずしもメディアではなく，国家や公的機関主体のイベントが，大規模に中継され，報道されることによって，メディアがイベントの伝播に重要な役割を果たすものである。テレビ普及の契機となった，皇太子（現・天皇）成婚においてメディアが果たした役割を政治学者・松下圭一は，「天皇制はマスコミにのって絶対天皇制から大衆天皇制へと『転進』した。マスコミによって，皇室自体が大衆社会状況に適合させられてしまった，といってよい。残存する天皇感情を新憲法意識にむすびつけながら，『ブルジョア』が直接の皇室の担い手となり，マスコミによって支援されているかぎり，天皇制は一応，現在のところ，政治心理のうえで安定していく」と分析した。成婚にまつわる一連のプロセスは皇太子妃のスリーサイズの公開から民間人と皇太子の"普通"の恋愛模様まで，絶えざる私生活の公表をメディア・イベント化し，テレビ中継によって成婚の儀礼空間とお茶の間を媒介したメディアが成立させた「大衆天皇制」は戦後のプロパガンダのパラダイムをなすものであろう。

(3) メディアによってイベント化された現実とは，もともと偶発的とみえる事件が，メディア，とりわけテレビなど電子メディアの演出によってドラマ化され社会的事件となる，いわば「疑似イベント」であり，今日のようなテレビ時代，高度情報化社会といわれる状況のもとではごく日常的社会現象ともなっている。プロパガンダ性の強い最近の事例としては，2001年1月26日，JR新大久保駅で線路に落ちた男性を助けようとしてホームに飛び降りた男性2人がホームに入って来た電車にはねられて亡くなった事故で，救助しようとした男性のうちのひとりが韓国人留学生であったことが報道されるや，「日韓の架け橋」というキーワードを駆使した報道がなされ，その反響として，追悼会が催

され，奨学金などが設置された。韓国KBSテレビは日本での事件への反響の大きさに対する検証番組が制作されるほどであった。日韓共催サッカーワールドカップを融和のための外交イベントに演出しようとしていた状況の下で，しかも今なお完全に払拭できていない戦前の加害―被害という歴史の構造とも呼応しつつ，この偶発的な出来事は「英雄物語」にまでフレームアップされることになった。

2. 制度的装置としてのプロパガンダ

　検閲は人びとの表現行為を公権力が事前・事後に検査して，不適当と判断された場合は禁止などの規制をする制度のことであり，プロパガンダを効率よく行うための環境整備である。表現内容は新聞，雑誌，出版物，放送，映画，演劇などのメディアを通じて発表されたものから，郵便信書などにも及び，その情報・思想・感情・性表現などの全般について，国家権力がチェックして検査した結果，発売禁止，放送や上映の禁止，削除変更などの処分を加えるのである。戦前までの日本では出版法（1893年），新聞紙法（1909年），映画法（1939年）などがあり，さらに第二次世界大戦前から言論統制法規が一挙に増加して20以上にもなり，徹底した取り締まり，検閲が行われた。日本の出版法制は事前許可制ではなかったが，「発売頒布禁止処分」，いわゆる「発禁」があり，これは原稿を検閲対象にするのではなく，行政処分としての発売頒布禁止や差し押さえの制度を認める点は，外国の法制にはほとんど例のないものであった。しかし，伏せ字を使っての出版は可能であり，さまざまな書籍でこの自主規制が試みられたが，「発禁」は行政処分のひとつでありながら行政訴訟の対象ではなく，政府の一方的な命令として救済手段のないものであったことが最大の特徴であった。

　戦後，憲法は第21条で検閲を禁じ，言論，出版の自由，表現の自由を保障しているのであるが，今日では規制の直接の主体が公権力とは限らない。自主規制といういわば自己検閲のメカニズムを考察しなければならない。外部の権力

や団体からの圧力，取材上の便宜供与といった懐柔などに影響されて，送り手が表現を控えたり，書かない，取材しないなどの自主規制は検閲が送り手に内在化することであり，結果的として表現の自由を妨げ，国民の知る権利に歪みをもたらす。それは「一億総中流意識」のなかでもはや「タブー」と化した弱者救済や社会の公正化の視座が排除される，「構造的なプロパガンダ」といえるのではないだろうか。

　放送法によって免許制度をとっているテレビ・ラジオの場合は自主規制が問題となりやすい構造をもっている。1993年9月21日の日本民間放送連盟の内部組織である放送番組調査会の会合においてなされたテレビ朝日の椿貞良報道局長の「55年体制の打倒を」の旨の発言が，10月13日付の産経新聞によって「非自民政権誕生を意図した放送」を煽る動向と報道されたことがテレビ朝日の報道が政治的公平さを欠き，放送法違反ではないかと国会で問題となり，10月25日衆議院政治改革調査特別委員会に証人喚問されることになった。椿報道局長は，実際に特定の方向での報道を指示したことはないと否定しながら，その発言自体は「荒唐無稽な発言」だったと釈明し辞任に追い込まれた。そして11月1日，郵政省は，テレビ朝日に再免許認定を行ったが，事実関係を調査し必要な措置をとる可能性があるとの条件を付けた。翌年8月29日，テレビ朝日は不公正な報道はなかったとする報告書を郵政省に提出し，9月2日，郵政省は，テレビ朝日に対して厳重注意を与え，それ以上の措置はとらないことになった。この事件はテレビ放送が，「政治的に公平」でなければならないのかという根源的な問題を提起するとともに，メディアの政治的公平性を国家権力がコントロールすることの危険性が明るみになった事件であった。

　国家の下での免許事業であるために権力に操作されやすい性質をもつ放送メディアではあるが，そのような外部の圧力による自主規制とは異なり，心身障害や同和問題，職業差別，性差別にまつわる用語を婉曲的に表現しなおすか，あるいはまったく取り上げないという措置をとることがある。これは人権や人道に配慮した結果のものもあるが，番組に対する抗議や反発を未然に防ぐため

の安全策としての趣旨に重点がおかれている。確かに人権や人道に関わる表現には送り手の高度な社会的判断が求められる困難さがあるが、社会的文脈に関係なく番組や楽曲などから差別表現が包括的に排除・封殺されることは、現実の差別問題が社会的に認知されないばかりか、顕在化しない社会問題には偏見や誤解を啓蒙するといった、抜本的な策も講じられないという一種の悪循環が起きる。

1999年5月22日に、放送で使用する楽曲の自主規制を題材にした「放送禁止歌～歌っているのは誰?規制するのは誰?」というドキュメンタリー番組が放映された。放送で使用する楽曲の規制について、日本民間放送連盟が「放送音楽などの取り扱い内規」として1959年に制定した「要注意歌謡曲指定制度」や部落解放同盟に代表される圧力団体からの抗議が送り手に「放送禁止」の圧力をもたらしているという構図を一般的には思い描きがちであるが、同番組ではその構図を検証していくなかで、(1)民放連関係者は民放連の指定した「要注意歌謡曲」はあくまで送り手の自主性は尊重したうえでのガイドラインであって、強制力を発動したり、ペナルティーを課したものではなく、民放連がリストアップした「要注意歌謡曲」が放送業界各社で内部マニュアルとしてもっている「放送禁止歌」のリストとは一致していないことを証言し、(2)さらにすでにこの規定が1983年には廃止されていることを述べている。また、(3)部落解放同盟関係者はメディアが被差別地域や差別の心象風景が描かれたという理由だけで楽曲や楽曲の放送を抗議したことはないとし、メディアが「放送禁止」にしている楽曲と部落開放同盟が過去に糾弾した楽曲とは必ずしも、同一のものではないと証言している。「放送禁止」はメディアが受動的に行った自主規制ではなく、能動的に行っている自主規制であることが浮き彫りになった内容であった。それは国家権力や圧力団体によって放送を禁じられる他律的なものではなく、「放送すると問題が生じるのではないか」という送り手の強迫観念が、「公正・中立」という事なかれ主義のマス・メディアの体質と連動して、マス・メディア本来の内部矛盾の存在を顕在化させることはおろか、みずから

「タブーをつくる」という差別の構造に潜在的にくみしたもので，検閲を内在化させる，その病理は深刻であろう。

メディアから社会の現実像を認識する現代人にとって，一方で「メディアがつくる事実」があるならば，他方で「メディアが取り上げなければ事実にならない」こともあり得る。とくにメディアの水俣病キャンペーン，薬害エイズキャンペーン，らい予防法キャンペーンなどの弱者救済がことごとく後手にまわってきたことをかんがみれば，メディアが自らにタブーを課して不作為の姿勢をとることがいかに社会の無知や無理解を根源とする差別や偏見を助長するプロパガンダに手を貸しているのかを反省しなければならない。

3. 準備的プロパガンダ

準備的プロパガンダ（preparative propaganda）とは，計画された政治行動に対する大衆の支持を確固としたものにするために，彼らが当該の行動を受け入れるような素地を作っておくことである。

メディアや公的機関は統計数値や世論調査などの各種調査を行うが，とくに思想信条に関わる抽象的な概念を調査対象にする場合，特定の意図をもって調査項目が設計され，数値化されれば，それは宣伝材料であり，逆にプロパガンダの主体が，都合の良い数値結果を流用することも可能である。数字を使い，科学的根拠を装い，プロパガンダを正当化する。

プロパガンダの主体は，受け手である大衆を，彼らの利益の有無に関係なく，自らの利害と論理へと巧妙に誘導しなくてはならないという点で，大衆の先有傾向を精緻に見きわめ，世論にまで組織化されていない民心や民意にくい込む戦術を取るのである。[4]

第❸節　プロパガンダとメディア・リテラシー

1. 現代日本においてプロパガンダをどうとらえるべきか

　プロパガンダは，一方的・誘導的なメッセージを大量伝達し，人びとの信念・態度・意見・行動を操縦するコミュケーションの手法を意味しているが，宣伝目的の正当性を客観的に認識させるものではない。たとえ歪曲されたものであれ，白黒の明白な情報を手っ取り早く得たいという期待を受け手が寄せていたことも否定できないだろう。

　欧米人は「批判的に読み解くべきメディア」を象徴的に「プロパガンダ」と忌憚なく，言い表すことがある。日本であれば「メディアがプロパガンダである」といえば，「中立ではない，正確な情報ではないこと」を意味する非難と受け止められ，反発をうけるであろう。移民や旧植民地の名残りとして，民族や宗教といった多様な身上をもつ人びとがありのままに暮らすことが自明な社会には，そのアイデンティティに準拠した社会的集団があり，各々の社会的意見には差異がある。権力が指標と示す常識や価値観が「普遍的・妥当性のあるもの」として，メディアが独自の主義主張をやめて常識や支配的価値観を映すだけの公器になったとき，多様な社会的判断を許容する自由な選択肢が予め限定されてしまうという点でその社会構造そのものが限りなくプロパガンダ的性格をおびるであろう。個別に見れば，異なる世論それぞれが一面的という意味でプロパガンダ性を帯びていても，多元的な意見や世論が併存し，そのなかで自分の理性と責任において選択できる方が，公平公正であると考えるなら，「メディアがプロパガンダ的性格を帯びてもかまわない」という卓見があるのではないだろうか。

　日本では宗教や民族的なルーツの意識に乏しく，自らの思想・信条といった価値観を表明することは社会的にマイナスにこそなれ，プラスになることは少ない。メディアが示す「中立」とおぼしき基準のなかに自らを合わせていくと

いうケースが多い。そして日本ではプロパガンダは欧米よりも心理的に緊張感のある言葉である。歴史的にプロパガンダは日本の民衆史とはおよそ縁遠く，もっぱら体制側に取り込まれてきた。民主主義を大衆の側から構築した歴史をもたず，体制内に社会変動をもたらす力がメディアに欠落していたために，戦後日本の民主主義体制の下においても，「中立」を要請されてきたのではないか。

　一面的理解に立脚してプロパガンダを「悪の情報」の表象として，「偏向」「主張」を排除するための誹謗のことばにしてしまうのは，それこそプロパカンダのイメージを操作した「プロパガンダ」という，トートロジー（堂々巡り）になるのではないか。「善」，「悪」，「好」，「嫌」，「正」，「邪」についてのさまざまな意見や主義主張が民主主義の源泉であれば，その主張の数だけプロパガンダは存在していると仮定されるべきで，個人の理性的判断やそれを選択した結果責任の機会を初めから阻害したり，放棄してしまうことこそ，近代から今日まで連綿と続く，日本のプロパガンダの根本的な問題ではないのかと思われる。

2. プロパガンダの超克としてのメディア・リテラシー

　メディアを活用した教育としては，視聴覚機器を利用した授業や学校等で先生と児童・生徒が新聞を教材にして勉強する学習運動であるNIE（Newspaper in Education）の取り組みを日本新聞教育文化財団が1988年から実施し，NIE実践校には新聞購読料を補助するなどの取り組みなどが先行していたが，マルチメディア化により，受け手がメディアを活用する取り組みは官民双方による協働という新しい側面をみせることになった。

　1995年は世界的な「インターネット元年」である。これは，インターネット接続ソフトを備えたマイクロ・ソフト社のオペレーティングシステムであるWindows 95が発売されたことが契機となっている。阪神・淡路大震災では後のインターネットの前身となるパソコン通信がライフラインの崩壊した被災地

でいち早く情報回路をつくり，被災者らのコミュニティを形成したり，自然発生的に全国各地から集まったボランティアを組織化するなど，震災復旧に機動的に貢献した。この後，1997年に福井県で石油タンカーの流出事故が発生した際もインターネットでの呼びかけや活動情報に反応した人びとが，全国からボランティアとして集まるということがみられ，これらは一種のメディア・イベントであり，社会的ムーブメントともいえるものがあった。ニューメディアがボランティアという新しい人的資源を発掘したことから，NPO や NGO の法人化や教育カリキュラムや公務員採用の要件にボランティアが課せられることになったと同時に，このことは官民ともに情報化社会の有用性を認知する契機ともなった。

またパソコンをはじめとする，情報通信技術は電子商取引や新しいビジネス・モデルを産み出す経済構造改革と位置付けられ，情報化社会の進展のなかで派生してくるデジタル・ディバイド (digital devide) とよばれる，所得・教育水準・年齢などに起因する情報通信機器の操作や情報の活用能力の優劣がもたらす経済的・社会的な格差の問題が指摘され，それに対して情報環境の整備，汎用化といったデジタル・オポチュニティー (digital opportunity) の必要性が盛んに喧伝されるようになった。2000年九州・沖縄サミットにおいても，①IT が提供する機会の活用，②情報格差の解消，③全世界的参加の推進(グローバルな取り組み)が確認された。

郵政事業庁（旧郵政省）では，民間の識者との間に1999年「放送分野における青少年とメディア・リテラシーに関する調査研究会」が発足し，日本でもメディア・リテラシーへの具体的取り組みへの指針づくりが始まった。2000年には，放送分野における青少年とメディア・リテラシーに関する調査研究会報告書が出され，同報告書は「メディア・リテラシーとは高度情報社会における『読み書きそろばん』」のことであり，それは「人びとはメディアとの関わりにおいて社会を知り，メディアと関わることにより社会に参画する」ための，①メディアにアクセスし，活用する能力，②メディアを主体的に読み解く能力，

③メディアを通じコミュニケーションする能力，の3つの要素からなるものと定義している。

①，②は情報化社会におけるニューメディア環境に生きる受け手の育成を想定しているが，③のメディアを通じてコミュニケーションする能力はパソコンをはじめとする情報機器に，情報を送受信する，ネットワークのメディア特性が付加され，それが初めて個人のレベルで所有できるようになり，受け手が同時に送り手になれる現在の時代性を反映している。この新しいメディアの特性はブロードバンド化にともない，文字情報から，音声，映像まで情報発信のスタイルはさらに重層的になってきている。

従来，専業的な送り手であるマス・メディア業界が「オン・ザ・ジョブ・トレーニング (on the job training)」の代替機能をメディア・リテラシーに求めているといわれている。「オン・ザ・ジョブ・トレーニング」とは，制作現場における徒弟制度のようなものであり，より良い表現や妥協のない「作品」作りのための経験則的なプロフェッショナリズム養成のことである。しかし，とくに近年はメディアの「商品化」はいちじるしく，また多チャンネル時代やマルチメディア化をむかえるにあたり，コンテンツは制作されるまでは「作品」であるが，制作の現場を離れれば「商品」でしかないというメディア企業の論理のなかで，送り手は大衆消費社会における視聴率や部数などの「市場原理」に拘泥しており，メディアの倫理と効率性という自己矛盾を抱えている。組織に帰順すべきマス・メディアの「社員」にならなければ，プロ仕様の制作ができないというのではなく，マス・メディア従事者とは異なる立場からコンテンツをつくることで，メディアに対する新しい感性を発掘する契機にもなり，プロの技術を先行して習得した上で，内容や構成への指向性を見きわめた傑出した個人を育成できるという期待が「メディアを自ら制作する」ことに寄せられている。

論理的なアプローチだけではなく，コンテンツをみて分析する能力がカメラのアングル，取材相手への対応といった実践を通じて「送り手のまなざし」を

獲得することでより現実感覚に即したものとなり，メディア状況をリアルに実感させることでメディアという装置の仕組みを見抜く力が培養されるであろう。また複合的なメディアの葛藤を内在化させて，コンテンツを批判しないと，誘導の仕方によってはメディアを独善的に読み下したり，ニヒリズムに走り，やがてメディアを規制すべきという結論を出しかねないともいえない。しかし，受け手が制作手法を体験することを通じて「送り手」と「受け手」の複眼を同時に獲得できれば，送り手の意図，メディアの演出の必然性，さらにそれが時として「やらせ」に発展する危険性を受け手が主体的に判断できるようになる契機にもなり得よう。

メディア・イノベーションのダイナミズムに制度が呼応する一方で，メディア・リテラシーは主に教育機関での実践が想定され，そこでの第一義的な担い手は教師ということになるのであるが，日本の公教育には公権力によって教育の理念や原則を定める教育基本法が適用される。この法令のとくに第8条（政治教育）① 良識ある公民たるに必要な政治的教養は，教育上これを尊重しなければならない，② 法律に定める学校は，特定の政党を支持し，又はこれに反対するための政治教育その他政治的活動をしてはならない，や第9条（宗教教育）① 宗教に関する寛容の態度及び宗教の社会生活における地位は，教育上これを尊重しなければならない。② 国及び地方公共団体が設置する学校は，特定の宗教のための宗教教育その他宗教的活動をしてはならない，という教育の内容に関する規定がある。教育の理念や原則論に言及したこのような規定は必ずしも世界的な趨勢ではない。

メディア・リテラシーの議論が活発なアメリカ，イギリスなどは多民族，多文化を擁する社会であり，日本のような画一化のための最大公約数的な理念や原則を打ち立てることは困難であろうし，特定の情報を排除することが高度情報化社会では技術的に不可能である以上，むしろ多様化する社会の実情に教育がアクチュアルに対応し，政治的社会化のためのメディア・リテラシーの有用性を認めている。広範なイデオロギーがメディアに横溢している可能性を学習

させようと試みているのである。日本では社会の情報化が進展し，複雑化しているにもかかわらず，教育の場において社会の現実をタテマエ的なナイーブな方向に恣意的に統合しているといわざるを得ない側面がある。

その構造が見て取れる具体的な実例としては，教科書検定がある。日本国憲法には第21条（集会・結社・表現の自由，通信の秘密）①集会，結社及び言論，出版その他一切の表現の自由は，これを保障する。②検閲は，これをしてはならない。通信の秘密は，これを侵してはならない，という規定があるが，教科書検定は「検閲」に相当するとして，社会科教科書執筆者らによる訴訟が起こされている。検定制度そのものは子どもの批判能力がまだないこと，教育内容が正確・中立・公正であること，それが全国的に一定の水準であること，教育内容が子どもの心身の発達段階に応じたものにしなければいけないことから「合憲」とされているが，一部の記述内容には検閲性も指摘されている。とくに『新高校現代社会』（一橋出版）の討論のためのテーマページ「現在のマスコミと私たち」の記述に関して，昭和天皇死去の際の過剰報道をマスコミを考える事例とするのは不適当，湾岸戦争の際の多国籍軍による情報操作の事例は信憑性がないからとして，検定の対象とされたことが明らかになっている。

近年，メディアに対する主体的な判断力を謳うメディア・リテラシー論がある一方で，青少年有害社会環境対策基本法案が出されるという，社会とメディア全体を規制化する思潮が出てきている。メディア・リテラシーが政策上，想定しているのは新しいメディアと社会が織り成す文化を支える思想体系というよりは，新しいビジネス・チャンスを創造する可能性のある，デジタル化された人材を量的に確保するための実践教育に終始する危険性も同時に危惧されよう。

3. カウンター・プロパガンダの対抗力

ニューメディアが世に出るたびに，そのことだけで文化的な革新が起こるかのような期待感がある。家庭用8ミリビデオカメラが普及した際に，テレビ業

界はその動向に注目したが，アマチュアの8ミリビデオが報道番組の素材の主流となることはなかったように，メディアのイノベーションが常に社会変動や文化の変容をもたらすとは限らないが，政治的社会化への動機づけなどに果たすメディア特性の潜在力は決して小さいものではない。

　大正時代は現代日本のメディア文化の原型を成していたといわれる。関東大震災によって，スクラップされた都市に新興風俗の風景やモダン文化が成立し，少年や婦人向けの雑誌という新しいジャンルやラジオ放送が競う，華やかなメディア文化の様相を呈していた。そのようなブルジョア文化の一方で，1920年代から1930年代にかけて大衆に普及し，現在では年賀はがき等でなじみ深い，「プリントゴッコ」や「リソグラフ」の原型となった，写版・ガリ版とよばれる簡易な孔版印刷はアマチュアの大衆がメディアを自作するという，新しいコミュニケーションの可能性を切り開いたメディアであった。安価で手軽な写版やガリ版は社会運動や非合法運動のビラ，パンフレット，ポスター，雑誌といった，プロパガンダ・メディアの制作に寄与した。とくに1930年代の世界恐慌の際には労働争議が頻発するが，そこでも多種多様な労使双方のプロパガンダ合戦が繰り広げられた。「工場が閉鎖され，全員解雇から紛争が起こることも多かった。すると，従業員はたちまちポスター，ステッカーやビラで対抗した。その内容は争議というより，ほとんど喧嘩のようなものであった。たとえば，『待ってゐろ！　瓦本の野郎ネムラシてやるから！』『町内から叩き出し地獄へ追込め！』という物騒なものがたくさんあるのである。また，『東京モスノ女工三百五十九人ヲ首切ッタ吸血鬼』『ヤスリ屋の殺人鬼』（メリヤス屋）といったものもある。プロパガンダとは，民衆における憎しみの表現でもあったのだ。」[5)]誹謗・中傷を基調とし，修辞的には説得技法の洗練に程遠いものの，ここで注目すべきは繊維工場の女工や職工といった，一介の労働者が孔版印刷という自己表現のメディアを使って，大量の頒布物を制作し，理不尽な解雇の事態を打開しようとした意思の力であり，大衆が送り手になった初の組織的試みという，社会的インパクトである。学歴や教養を持ち得ずとも，生存権や社会権

を賭けて鉄筆などで刻んだ，独特な字体や風刺画は知識格差を乗り越えて，「字が分からない人にも自分たちの命がけの主張を是が非でも分かってもらわなければならない」という，当時のハイ・ブローなモダン文化やマス・メディアが成し得なかった「硬化した秩序に対してもつ逆転力，その逆転力がもたらす権力者の平凡人への還元，卑賤な小人の自由な透視者への上昇，その還元と上昇が生み出す平等性への自覚」を体現している。

現在の情報化社会も自己表現技術の可能性という点で，この歴史社会の延長線上にある。現代ではメディアを自作して，さらにそれを情報ネットワークに流通させ，社会に発信できるという機能まで付加されて，表現技術の可能性はより民主化されているのである。日本のマス・メディアが巨大な産業機構を維持するうえで，言論機能を画一化して，資本の論理に沿った一面的な社会しか表現できなくなっている時代ほど，技巧においてのアマチュアということではなく，個人としてのアマチュアの立場が「思想の自由市場」に食い入る可能性の意味は徐々に拡大していくのではないだろうか。メディアを自作する動機が成熟した消費社会のなかで社会的なものから個人的なものに移っているのも事実であるが，システム的に硬直したマス・メディアが情報化社会のなかで埋めきれない透き間を補充できる機会を技術の上で個人が有しているということは決して軽視されるべきではないだろう。

メディア・コンテンツを制作して対抗プロパガンダを行うことも可能であるし，インターネット上の電子掲示板やフォーラムに議題を設定し，世論を形成し助長することができるようになった。それはあくまで匿名性に守られた「冷やかし」や「覗き見」に終始する可能性もあり，社会の「ガス抜き」としてのプロパガンダの役割を果たすこともあるかもしれないが，マス・メディアとは違う情報回路に現われてくるもの，お仕着せの世論や常識とはまた異なるパースペクティヴを示している。そこには，自主規制もない代わりに，差別や人権侵害もあるが，さらにそれに対する反論や賛同も同時にある。受け手が送り手にもなり得る情報社会の出現は伝統的プロパガンダに風穴を開け，それを反転

させ，カウンター・プロパガンダの対抗力を強化・拡大してきている。プロパガンダに応ずるのもまた，プロパガンダなのである。

おわりに

1989年は戦後民主主義の下での初めての諒闇の年であった。仏紙『リベラシオン』は天皇の死をめぐる日本社会の分析記事に以下のような識者のコメントを掲載している。

「最近，頭にウォークマンをつけ，楽しそうな様子で街に散歩に出ようとした者は誰一人としていなかった」とある若い大学教授は暗い様子で断言した。「また誰一人としてあえてそのようなことをする者はいないと思う──。画一主義は日本文化すべての基礎をなしていて，天皇制は海外で考えられているよりもはるかに深く人びとの心に浸み込んでいる。いままで天皇に関心を抱いていなかった若い人ですら，それが日本人として自らのアィデンティティに触れるものであることを無意識に感じている。天皇の人格と歴史は大して重要ではない。それは意識したイデオロギー上の選択なのではない。理性をもって熟考しているのではない。ただ天皇を尊敬していないからという理由だけでお前は日本人ではないと非難されるような真似があえてできないのだ──奇妙であると同時にぞっとするような話である」[7]

日本の社会状況に対して比較的客観的な立場から報道できる海外メディアが「日本の声」として世界に紹介したのは「ウォークマン」という現代的なメディアを身にまとい，伝統やナショナリズムとは縁遠い個人的な生活を送りながら，天皇の深刻な病状から死に至る過程に際しては，否応なく「自粛」を受け入れてしまう社会の特異性を指摘するものであった。実際に天皇の死にまつわる一連の出来事は憲法論議からメディア・イベント論やジャーナリズム論的問題を

膨大に惹起したが，一方で天皇の戦争責任を口にした本島等・元長崎市市長が右翼のテロの凶弾に倒れるなど，この国の政治シンボルのタブーが単なる社会システム論だけでは看破できないほどにいかに根深いものかを物語っていた。

　プロパガンダ主体はひたすら「利己的な論理をなんとか正当化しよう」と努めるだけではなく，大衆の潜在的無意識層まで隠微に操作することを試みるのである。そのようなサブリミナル的な手法は現代社会のプロパガンダに欠くことのできない高等戦術となっている。とくに天皇というシンボルを操作しながら，社会のあらゆる場面に絶対主義体制が敷かれつづけた近代日本では，そのプロパガンダの特性は「言わなくても分かる」という以心伝心のコミュニケーションに過度に傾斜していた。戦時中の強力なスローガンにみられる「進め一億火の玉だ」「欲しがりません，勝つまでは」といったプロパガンダの役割は国民の背なかを押して，宣伝主体が意図した行動を焚きつけることだけであったといってよい。このようなプロパガンダを受容する社会意識の形成とかかわる，プロパガンダの機能やメディア・イベントとしてのプロパガンダの社会歴史学的考察の諸問題は今後の研究課題であることを記しておきたい。

　　　　　　　　　　　　　　　　　　　　　　　　　　　（末永　雅美）

注
1) ガース・S・ジャウエット，ビクトリア・オドンネル著，松尾光晏訳『大衆操作——宗教から戦争まで——』ジャパンタイムズ　1993年　370ページ
2) 津金澤聰廣編著『近代日本のメディア・イベント』同文館出版　1996年　26ページ
3) 松下圭一『戦後政治の歴史と思想』筑摩書房　1994年　94〜95ページ
4) K.クリッペンドルフ著，三上俊治・椎野信雄・橋元良明訳『メッセージ分析の技法　「内容分析」への招待』勁草書房　1989年　14ページ
5) 大原社会問題研究所編，梅田俊英『ポスターの社会史——大原社研コレクション』ひつじ書房　2001年　26〜27ページ
6) 藤田省三『藤田省三著作集Ⅰ　天皇制国家の支配原理』みすず書房　1998年　244〜245ページ

7) 仏紙『リベラシオン』1989年1月9日付

参考文献
天野勝文・生田真司編著『新版　現場から見た新聞学』学文社　2002年
家永三郎，高島伸欣著『岩波ブックレットNo.447　教科書裁判はつづく』岩波書店　1998年
石村善治編『現代マスコミ法入門』法律文化社　1995年
稲葉三千男，新井直之，桂　敬一編『新聞学［第三版］』日本評論社　1997年
大原社会問題研究所編，梅田俊英著『ポスターの社会史──大原社研コレクション』ひつじ書房　2001年
グレゴリー・カザ著，岡田良之助訳『大衆動員社会』柏書房　1999年
桂　敬一『日本の情報化とジャーナリズム』日本評論社　1995年
K.クリッペンドルフ著，三上俊治・椎野信雄・橋元良明訳『メッセージ分析の技法「内容分析」への招待』勁草書房　1989年
佐藤卓己『現代メディア史　岩波テキストブックス』岩波書店　1998年
渋谷重光『大衆操作の系譜』勁草書房　1991年
菅谷明子『メディア・リテラシー』岩波書店　2000年
大学教育社編『新訂版　現代政治学事典』ブレーン出版　1998年
田村紀雄・志村章子編著『ガリ版文化史　手づくりメディアの物語』新宿書房　1985年
津金澤聰廣編著『近代日本のメディア・イベント』同文舘出版　1996年
オリヴァー・トムソン著，山形宏光・馬場彰訳『煽動の研究─歴史を変えた世論操作』TBSブリタニカ　1983年
新村　出編『広辞苑　第五版』岩波書店　1998年
早川善治郎，藤竹暁，中野収，北村日出夫，岡田直之『マス・コミュニケーション入門』有斐閣　1997年
D.J.ブーアスティン著，星野郁美・後藤和彦訳『幻影の時代─マスコミが製造する事実』東京創元社　1964年
藤田省三『藤田省三著作集Ⅰ　天皇制国家の支配原理』みすず書房　1998年
松下圭一『戦後政治の歴史と思想』筑摩書房　1994年
松田徳一郎編『リーダーズ英和辞典　第二版』研究社　1999年
丸山眞男『増補版　現代政治の思想と行動』未来社　1998年
南　博監修『マス・コミュニケーション事典』學藝書林　1971年
民間放送連盟『放送倫理ブックレットNo.5　児童・青少年』1999年
ゲオルゲ・L・モッセ著，佐藤卓己・佐藤八寿子訳『大衆の国民化─ナチズムに至る政治シンボルと大衆文化─』柏書房　1994年
森達也著，デーブ・スペクター監修『放送禁止歌』解放出版社　2000年
森岡清美，塩原勉，本間康平編『新社会学辞典』有斐閣　1993年
文部科学省　各国における「教育基本法」に相当する法律について（中央教育審議会

2002年5月10日 議事録）http://www.mext.go.jp/b_menu/shingi/chukyo/chukyo0/gijiroku/002/020501h.htm
民間放送連盟　放送基準（1982年3月18日制定）http://www.nab.or.jp/htm/ethics/fcode.html
郵政事業庁　放送分野における青少年とメディア・リテラシーに関する調査研究会報告書（2000年8月31日発表）http://www.soumu.go.jp/joho_tsusin/pressrelease/japanese/housou/000831j702.html

第6章 ヨーロッパにおけるマス・メディアの変容

はじめに——メディア秩序変容の要因

　高度情報社会，ネットワーク社会，インターネット社会など，さまざまによばれる現代社会において，デジタル通信技術の登場により，メディア秩序が劇的な変容をみせている。今日までのメディアの発展をかえりみると，デジタル・テクノロジーにかかわらず，つねに技術の進展が新たなメディア事業の展開と秩序変容をもたらしてきた。だが，技術の進展がただちにメディア秩序の変容をもたらすほどに，直接的な影響関係をもつわけではない。そこにはメディア政策，メディア法制度といった媒介変数が介在する（一般利用者の受容という問題もあるが）。新たな技術が登場したとき，その技術が当該産業にいかに採用され，秩序変容をもたらすかは，技術導入にさいし促進的，抑制的など，いかなる政策，法制度が導入されるかにより，大きな影響をうける。その意味で，メディア秩序の展開は，情報技術と情報政策・法制を二大変数とする関数といった関係にあるといってよい。そのような三者の関数関係的構造をさぐりながら，錯綜をきわめた今日のメディア秩序にいたる変容の道程をたどりたい，というのが本章の狙いである。

　概観したところ，ヨーロッパにおけるメディア秩序の変容は，3筋の大きな潮流が相互に絡み合う形で展開してきたようにみえる。第一は，多メディア・多チャンネル化の進展である。情報技術の進歩により，つぎつぎに新たな形態と特性をもったメディアが登場し，多種多様なメディアが錯綜的に並存する多メディア状況，それとともに，情報の提供ルートが飛躍的に増大する多チャン

ネル化が進行してきた。そして第二に，多メディア・多チャンネル化に絡まるように展開するのが，メディア間の機能的入り組み・融合の進行である。情報技術の進展は，従来のメディア区分にまたがる複合的な特性をみせるメディアを生み出し，情報政策の自由化・開放化の動きを背景にして，メディア・サービスの融合化が進んだ。そして第三に，それらの変容と交差するような形で展開してきたのが，さまざまな買収・合併の続発により，複雑な合従連衡のドラマをみせるメディアの集中・寡占化の道程である。しかもこれらの潮流すべてが，国境を超えたボーダーレスな展開を繰り広げているのが現実である。

　このようなメディア秩序の変容には，各国の情報政策が深く関わってきた。それらの情報政策は国による特徴的な差異はみられるものの，基本的に同じ方向への流れをみせてきたといってよい。それは，自由化，開放化，規制緩和への動きである。そのような政策転換の主要な契機となったもののひとつは，政権交代である。イギリスでは1979年のサッチャー保守党政権誕生により，ケーブルテレビが登場し，放送制度が自由化され，多様な展開を遂げた。ドイツでは82年のコール・キリスト教民主・社会同盟政権への交代が，広帯域ケーブルテレビの誕生をもたらし，民間放送の登場を認め，衛星放送の実現を生んだ。フランスでは81年，野党時代に公海上で海賊放送を行って有罪判決をうけたミッテラン社会党大統領の誕生で，（社会党の基本的立場にそぐわない感はいなめないものの）民間テレビが登場し，社会党大統領・シラク保守党政府というコアビタシオン（保革共存）体制の下で，放送の国家からの自由を認める大幅な法改正が実現した。今日の瞠目すべき情報技術に支えられた錯綜した秩序変容の展開は，こうした自由化政策の軌道上にあるといってもよい。

　では，このようなメディア変容の展開は，具体的にはどのような道程をたどってきたのであろうか。

第❶節 多メディア・多チャンネル化と機能的入り組みの進展

1. アナログ地上波テレビの多局化（政権交代と自由化情報政策の果実）

　1980年代におけるいわゆる「ニューメディア」の登場によって多メディア化が進展するまえに、地上波放送の分野で多局化現象が進行した。それは情報政策の自由化、開放化への移行により実現した公共・民間放送の並存、そしてその結果としての局数の増加である。多メディア・多チャンネル化のもっとも早期における動きは、伝統的なアナログ地上波テレビの分野において多局化の形で展開した。この時期に多局化をもたらした主要な動因は、各国メディア政策の自由化であった。

　フランスではジスカールデスタン大統領のもと、74年放送法により、放送事業を独占してきた国営放送ORTFが7事業体に分割され、テレビについてはTF1、A2、FR3の3局が誕生し、「管理下の競争」関係に入った。その後ミッテラン社会党大統領の登場で、（形のうえで）放送の国家独占を放棄した「82年視聴覚コミュニケーション法」が制定され、84年に最初の民間有料テレビ「カナル・プリュス」が誕生、続いて86年には民間事業家によって運営される民間テレビ「ラ・サンク」と「M6」が登場する。そしてこの年に生まれた社会・保守のコアビタシオン体制のもとで、国家が免許権を独占していた「公役務特許」制度を全廃した「86年コミュニケーション自由法」が成立、また発足したばかりの「ラ・サンク」「M6」の両民間テレビは免許を取り消され、改めて他の事業家に免許が付与されるという異変が起こる。さらに公営テレビ最大のTF1も民営化されるという大変化が起こった。こうして国営テレビ1局の独占体制から、公営テレビ2局、民間テレビ4局という多局体制に移行した。

　連邦基本法が保障する「文化高権」に基づき、各州が放送法を制定する権限をもつドイツでは、9つの地域的公共放送で構成するARD（ドイツ放送連盟）

の全国放送1チャンネルと，これら9公共放送それぞれの地域別放送1チャンネル，それに州間協定に基づくZDF（第2ドイツテレビ）の全国放送1チャンネルの，合計2系統で3チャンネルという公共放送独占体制でスタートした。しかし82年の社会民主党からキリスト教民主・社会同盟への政権交代により，メディア政策の自由化が起こり，民間放送が容認される。各州は新たに公共・民間放送の共存を認める法律を制定し，憲法裁判所の合憲判決を経て，公共・民間の「二元放送体制」に移行した。こうして公共・民間共存体制が実現した。

イギリスの地上波放送はBBCの独占体制で始まったが，1954年の「テレビジョン法」により，ITA（Independent Television Authority）の傘のもとで第3チャンネルを共有する15の地域的民間テレビと，共通の朝番組を提供するテレビ局で構成される総称ITV（Independent Television）が登場，公共・民間テレビが共存する「複線体制」に移行した。その後82年にはITAのもとに第2の民間テレビとして全国放送「チャンネル4」が登場し，BBCの2チャンネルと合わせて，4チャンネルの体制となった。さらに，79年に登場したサッチャー政権のもとで成立した90年の放送法が，イギリスの地上波放送を大幅に自由化し，ITVに競争入札制を導入するとともに（これにより4局が交代した），1資本による2局までの所有を認めた。その結果，民放の世界に集中・合併の動きが登場することになる。また「チャンネル5」の新設も認められ（97年に放送開始），地上波の多元化が進んだ。

イタリアのテレビ多局化は，シルビオ・ベルスコーニのメディア支配とともに進み，またそれとともにメディアの集中化をたどった。イタリアの放送は従来，国営放送RAIの独占体制であったが，憲法裁判所が74年から76年にかけての一連の判決により，RAIの独占を全国放送に限定したため，地方レベルで民間放送の登場が可能となった。しかし民間放送には，生番組を全国に同時放送する形でのネットワークの運営は認められなかった。そこでベルスコーニは，全国1,200の小規模放送局を作り，それらに録画ビデオを送ってそれを同時に放送するという巧妙な方式を編み出した。法律的には，各放送局はビデ

オ番組をそれぞれの地方向けに別個に放送しているにすぎないが、機能的には全国的なテレビ・ネットワークということになる。そのような方式についても、いくつかの地方裁判所が違法の判決を下した。しかし当時の社会党クラクシ内閣は緊急政令を発して、この方式によるネットワーク放送を追認する。こうしてベルルスコーニは、1982年にはネットワーク「カナレ5」を作り上げるとともに、三大出版事業者の一人ルスコーニ所有のネットワーク「イタリア1」の最大株主となり、さらに84年には最大出版事業者モンダドーリからネットワーク「レーテ4」の株50％を取得し、これら3ネットワークの所有者として、イタリアのテレビ界を支配する立場を確立するにいたった。

2. ケーブルテレビの浸透（多チャンネル時代の到来）

ヨーロッパでは、地上波テレビ番組を再送信する機能のみを果たす伝統型のケーブルテレビは早くから存在した。しかし80年代に入ると、ヨーロッパ各国に多チャンネルを主特性とするニューメディアとしてのケーブルテレビが登場し、多メディア化・多チャンネル化が大きく進展する。その背景にあったのは広帯域ケーブルという情報技術の導入とともに、政権交代によるメディア政策の転換であった。

ドイツでは76年に、「技術的コミュニケーション・システム策定委員会」のいわゆるKtK報告が、「ドイツをケーブル化することは国民の要求に合致しない」としながらも、将来の導入に備えてとの位置付けで勧告した広帯域ケーブルによるパイロット・プロジェクトが、州レベルでの法律制定を経て、ルートヴィックスハーフェンなどの4都市でやっと84年からスタートした。このプロジェクトに民間の番組制作業者が参加したことにより、ドイツではこの年が「民営化元年」とよばれた。しかしその一方で、82年における社会民主党からキリスト教民主・社会同盟への政権交代がもたらした政策転換により、郵電省の現場機関「ブンデスポスト」の手で、広帯域の公衆回線網をはりめぐらし、ドイツをケーブル化する計画が実行された結果、91年には全テレビ世帯の36％、

ヨーロッパ最多の935万世帯がケーブルで接続される結果になった。

イギリスでは、サッチャー政権の登場により、84年の「ケーブル・放送法」によってケーブルテレビが導入され、89年には40地域に営業権が与えられたが、実際に運用されていたのは10地域にすぎない状態であった。だが91年になって、ケーブルテレビに電話サービスを認め、ケーブルテレビ相互の接続も認める「ケーブル・テレフォニー政策」が実施された結果、92年には57フランチャイズのうち21フランチャイズで電話サービスも提供されるような状況が生まれ、ケーブルテレビの浸透が進むことになった。イギリスではこうして、ケーブル・サービスと電話サービスが機能的に入り組む状況が生み出された。

フランスでは、82年にミッテラン大統領のもとで、全国に光ケーブルを張り巡らし、ケーブルテレビの全国普及をはかる計画「プラン・カーブル」が策定されたが、運営主体を地方自治体が責任主体となる第三セクターに限定するなどの制約のため、普及は滞った。しかしシラク内閣のもとで、ケーブルテレビの運営と番組供給に民間の参入を大幅に認め、さらに端末に同軸ケーブルを併用するなどの現実政策を採用してから徐々に普及が進み、さらにアメリカの資本参入などの要素も加わって、87年には5万8,000にとどまっていたケーブルテレビ加入者数も93年には80万6,000を越す状態になった。現在ではアメリカの地域電話会社ベビーベルが資本参加する2社とフランス・テレコムの子会社の合計3社のMSO (Multiple System Operator) がケーブルテレビ全市場の80％を占める状態にある。

ところで、各地に散在し、多チャンネルを売り物にするこれらのケーブルテレビにとって最大の問題は、数十チャンネルを埋める番組の調達にある。その調達のルートを担ったのが、次に述べるように、80年代から登場した通信衛星であった。この通信衛星とケーブルテレビとのドッキングが、双方の普及に大きな影響を与えた。アメリカでは両者の結合を「ハッピー・マリッジ」と称した。このケーブルテレビと衛星の結合によって形成される番組提供システムは、わが国では「ケーブル・スペース・ネットワーク」とよばれた。

3. アナログ衛星放送の展開（ケーブル・スペース・ネットワークから DTH へ）

　地球の直径の3倍にあたる3万6,000キロの上空で赤道上の一点にとどまる静止衛星の登場が，メディアの世界にさらに新たなチャンネルを加えることになった。この衛星を経由して番組をケーブルテレビに提供する衛星放送は，ヨーロッパでは，ルパート・マードックが1982年にスタートさせた「スカイ・チャンネル」を嚆矢とする。ヨーロッパ通信衛星機構が同年に打ち上げた軌道試験衛星を使って送信を開始，翌83年には同機構の実用衛星「ユーテルサット1号」で本格放送を開始し，94年には送信先10ヵ国，受信世帯200万を超えるにいたる。

　こうして始まった衛星放送の展開に大きく寄与したのが，ルクセンブルクのアストラ衛星であった。通信衛星ながら高出力で，パラボラアンテナの技術向上ともあいまって，ケーブルテレビ・システムを経由せず，直接に家庭の屋上に備え付けられたパラボラアンテナで受信することを可能にさせた。こうしてアナログ衛星放送の時代に，通信衛星によるDTH（Direct to Home）サービスを実現させることになった。その第1号機が88年に打ち上げられると，マードックはさっそくこれを利用して，89年に4チャンネル編成の「スカイ・テレビジョン」をスタートさせ，翌90年に民放連合体が設立したばかりの「BSB」を買収して「BスカイB」と看板を改めた。

　このアストラ衛星はつぎつぎに打ち上げられ，94年には，ヨーロッパで提供されている衛星経由のテレビ番組56チャンネルのうち，約3分の2がアストラ衛星によって中継されるものとなった。イギリスでは98年現在，アストラ衛星を通じてBスカイBの12チャンネルを中心とする約30チャンネルが，有料のベーシック・サービス・パッケージの形をとって提供されている。

　ドイツでは，82年の政権交代による広帯域公衆回線網の敷設によって，初の民間テレビとしてケーブルテレビを対象とする「SAT1」が登場，隣国ルクセ

ンブルクからのドイツ向け放送「RTL Plus」などが相次ぎ，衛星経由の民間テレビの多チャンネル化が実現，従来の公共放送独占体制から地上波中心の公共放送，衛星経由中心の民間放送という公民共存体制が定着していった。1998年現在，16チャンネルの民間テレビが，衛星・ケーブル経由で番組を提供している。そのうちの主要局は地上波・直接衛星放送・ケーブル経由のすべてのルートを利用している。

　フランスでは，ドイツとの共同プロジェクトによる自国向けの放送衛星「TDF」と通信衛星「テレコム」が打ち上げられ，これを利用して地上波番組の同時放送などが行われたあと，92年にはカナル・プリュスによる7チャンネルの衛星番組パッケージ「カナル・サテリット」が登場し，96年には十指に余る衛星チャンネルが提供されるようになった。

　これら衛星経由のチャンネルは，マードックのスカイ・チャンネル以来，国境を越える国際性が特徴で，いずれの国においても，ケーブルに接続されたテレビには，数十チャンネルものヨーロッパ各国の番組が映し出されるのが普通である。

　こうして，ヨーロッパの空で放送に利用されている衛星は通信・放送衛星を合わせて96年現在で約30機，これらの衛星を経由して提供されている番組は95年現在で120種を超える状況となった。

4. デジタル衛星放送の登場（デジタル時代の到来）

　放送分野の多局化を大きく飛躍させた技術革新は情報搬送方式のアナログからデジタルへの変革である。放送のデジタル化は，衛星放送から始まった。その先陣を切ったのはフランスである。

　フランスにとってのデジタル放送元年は1996年で，4月に有料民間テレビのカナル・プリュスが「CSN」（カナル・サテリット・ニューメリック）と「カナル・プリュス・ニューメリック」の放送を開始，同12月には「TPS」（テレビジョン・パール・サテリット）と「ABSat」が続き，計3社のデジタル衛星放送が競合す

ることになった。「TPS」には公共テレビ「フランス・テレビジョン」（かつてのA2は「フランス2」、FR3は「フランス3」に改名。これはそれら両局の総称）、民間テレビのTF1とM6、フランス・テレコムなどが資本参加している。ABSatは独立のABプロダクションが運営する。提供されたチャンネル数は、CSNとTPSがそれぞれ90チャンネル以上、ABSatは19チャンネルほどである。加入世帯は1998年9月でCSNが96万3,000、TPSが50万、ABSatが12万7,000に達した。

ドイツでも、同じ96年の7月に、レオ・キルヒが率いるキルヒ・グループがデジタル衛星テレビ「DF1」をスタートさせた。続いて97年2月には有料放送のプルミエールがデジタル放送を開始、加入者が伸びず不振に陥っていた「DF1」をこれに合体させようとしたが、EUの欧州委員会により計画は阻まれてしまった。その一方、国内最大のケーブルテレビ事業者でもあるドイツ・テレコムが97年7月に、キルヒ・グループと「CLT-Ufa」の両者と、デジタル番組のケーブルテレビによる配信に合意し、その結果、98年の夏には、30チャンネルのDF1が20万、7チャンネルの「プルミエール・デジタル」が12万の契約者を獲得するにいたった。

イギリスではBスカイBが98年に、アナログ方式で提供している約40チャンネルと平行して、140チャンネルを使ったデジタル番組の本放送を始めた。地上波のBBC、チャンネル4、チャンネル5もこのデジタルサービスに参加しており、98年6月末現在、受信世帯は直接受信の約354万とケーブルテレビ経由の約256万、合計610万世帯で、テレビ所有世帯の約27％に達している。

こうしてデジタル衛星放送の登場により、超多チャンネルと呼べるような状況が、ヨーロッパの空に実現した。

5. 地上波放送のデジタル化（総デジタル放送時代へ）

放送のデジタル化は、さらに地上波にも広がった。とはいえ、現在ヨーロッパで地上波デジタル放送を実施しているのは、イギリス1国にとどまる。イギ

リスの地上波デジタル問題は95年に発表された「デジタル白書」で提案され，96年に成立した「新放送法」で実現した。それによると，地上波デジタル放送用に6つの周波数帯（マルチプレックス）で合計約30チャンネルが提供される。このなかから，BBC，ITV（チャンネル3），チャンネル4，チャンネル5の既存地上波放送に優先的に電波が割り当てられ，1998年9月に地上波放送との並行放送を開始した。残る電波は公募にかけられ，SDNに1周波数帯，BDBに3周波数帯が割り当てられた。SDNはウェールズ地方のチャンネル4（S4C）のデジタル・ネットワーク，BDBはITV地域民放局の大手カールトンとグラナダのコンソーシアムで，98年6月にON digitalと改称された。BDBにはBスカイBとBBCも番組提供者として参加し，98年10月に放送開始，現在17チャンネルのサブスクリプション・サービスを行っている。このデジタル地上波放送が広く普及すると，放送の総デジタル化時代が到来することになる。それは，放送がデジタル情報通信・処理技術によって統合化されることにより，これまでともかくも区分けされてきた各種の放送が，伝送路としては区別を残すものの，機能的にはひとしく双方向性，検索性，蓄積性，マルチメディア性などを獲得することによって，相互の入り組み，融合関係を増大させ，インターネットとも親和性を高め，インターネット世界への参入が進んでいる新聞も含め，いわばきわめて高度のエントロピー状態に限りなく近づいていくことも予想させる段階にいたったことを意味するのではないだろうか。

6. オンライン新聞の浸透（グーテンベルク呪縛からの解放）

デジタル情報技術の進展は，もっとも伝統的な新聞産業にもきわめて大きな変革をもたらしたが，その変革は2段階の展開としてとらえることができる。第1段階の変革は，コンピュータの全面的導入による新聞制作全工程の電子化である。しかし読者が受け取る新聞は従来と同じ印刷物であり，読者に届くまでの流通過程や新聞の情報提示様式にはなんの変化もなかった。しかしインターネットの普及がもたらした第2段階の変革で，新聞はもはや紙の形で配達され

てくるものではなく，受け手がパソコンを操作して，必要な情報を自由に選択し，ディスプレー上に映し出す検索型のメディアに変身した。この変革こそが読者にとっては，初めての「変革」の名に値する新聞の変革であるともいえる。

新聞情報をインターネット上で提供するこのオンライン新聞は，ここ数年のあいだにヨーロッパ全土に普及した。ドイツに例をとると，1995年の始めには，インターネット上で情報提供サービスを行っているメディアはほとんどみられなかったが，96年の秋には，約50の日刊新聞と半ダースほどの週刊新聞が，それぞれ情報を提供するようになったという。

新聞社がインターネット・サービスを行う方式には，いくつかの種類がみられた。第一はインターネット・プロバイダーのサーバー上にホームページを開設する簡略な方式，第二はみずから情報発進機能をもつサーバーを自前で設置する方式，そして第三は新聞社自体が読者に対しインターネット接続サービスを行うプロバイダーの役目を果たす方式である。第三のプロバイダー・サービスは，とくに農村地帯などの地域新聞社にとっては，読者や地域の経済界に対して，自社が未来を志向する現代的な企業であるとのイメージを植えつける効果があり，インターネットにアクセスする接続ポイントが少ない地域では，地元の新聞によるプロバイダー・サービスは利用者に大きなメリットとなるため，もっとも有効なサービスとされた。

インターネット・プロバイダー・サービスのパイオニアとして，コブレンツの「ライン・ツァイトゥング」は，地元の貯蓄銀行と契約を結び，加入者にホームバンキングとインターネットへの接続を提供した。レーゲンスブルクの「ミッテルバイエリッシェ・ツァイトゥング」は，まったく無料でインターネット・サービス「ドナウ・オンライン」を提供した。ともに95年のことであった。

最近の調査では，新聞社がオンライン新聞サービスに乗り出す最大の理由は「できるだけ早く将来の可能性をもったメディア領域への仲間入りをしたい」の82.3％で，次いで「新聞のイメージを高めたい」の69.4％，「できるだけ早

く魅力ある広告市場を作りあげたい」の59.0%,「新聞のサービス内容を豊かにしたい」の53.2%,「情報提供をさらに早くしたい」の37.1%などである。

1997年現在,ドイツ新聞社の3分の1弱にあたる約100社がオンライン・サービスを提供している。一方,利用者の方は,印刷新聞を毎日読んでいる人の56%に対し,毎日オンライン新聞を読んでいる人は29%と約半分である。

しかしインターネットの普及と同様に,オンライン新聞の普及もドッグイヤーの状況を呈しており,現在では,オンライン新聞サービスを提供していない新聞はきわめて少ない状態で,印刷新聞,オンライン新聞の並行的サービスが,ヨーロッパ全土の新聞の常態になっている。こうして新聞も,デジタル技術の浸透を背景に,他メディアとの親和性を急速に高める道を歩んでいる。

── 第❷節　メディアの買収・合併と集中化 ──

メディアの技術革新とメディアの買収・合併の進行に,直接的な因果関係があるとはいえないかもしれない。しかし,技術の進展は政策の規制緩和・自由化を招く。そうした政策の自由化がメディアの合併・買収を促進する。こうして技術革新の進展とともに企業の合従連衡が展開し,メディア秩序が変容する。実は,多メディア化,多チャンネル化を生み出した要因そのものが,同時にメディアの買収・合併,そして集中化を招くという構造があるといってよい。そのようなメディア秩序の変容は,それぞれの国内で進行するとともに,それと重なりあう形で,国際的な規模で展開する。またそれに絡みながら,同種メディア領域のあいだでの買収・合併のほか,各種のメディアを巻きこんだ買収・合併が展開する。こうした国内・国際,同種メディア・異種メディアの2種類の軸が交差しながら,錯綜した展開をみせているのが,買収・合併による秩序変容のダイナミズムである。

1. 国内的集中化（多元化のなかの成極化）

イギリスでは，90年放送法で多局化と自由化が図られたが，それと同時に集中化をも進行させることになった。第3チャンネルを共有する民間放送 ITV の世界に競争入札制が導入されるとともに，複数所有が認められ，96年の新放送法施行によってさらに集中規制が緩和された結果である。

1990年放送法がITVに対し1資本に2局まで放送免許の取得を認めた結果，さっそくカールトン，グラナダ，UN&M（ユナイテッド・ニューズ・アンド・メディア）の大手がそれぞれ2局を支配する状況が出現した。さらに96年の放送法が所有条件をさらに緩和し，支配する放送局のシェアが全テレビ視聴者の15％を超えない限り，局数に制限を加えないとしたため，合併が相次ぎ，99年には4グループと3つの独立局という構図ができあがった。ところがさらに買収・合併が進み，15の地域的放送局と朝番組担当の1局で構成するITVの世界に，2000年10月には，傘下に6放送局を擁するグラナダ・グループと，4局を支配するカールトン・グループの2極体制が出現することになった。

ドイツでも民間放送の2極分化が進んだ。ドイツの新聞界で圧倒的な優位を占めてきたのは，アクセル・シュプリンガー・コンツェルンである。日刊新聞の発行部数の約3割，日曜新聞については実に90％近くを占める。一方，放送を中心とした巨大グループはレオ・キルヒが築き上げたキルヒ・グループである。このキルヒ・グループの傘下にあるPro7, KABEL1, N24の3局と，シュプリンガー・グループを有力株主とするSAT1が合併することになった。合併後のグループの名称は「Pro7・SAT1メディア」となる。Pro7は視聴シェア第3位の有力な総合娯楽チャンネル，KABEL1は人気のあるケーブル専門テレビ，N24は24時間放送のニュース専門チャンネルである。一方のSAT1はドイツで最初に登場した民間テレビで，視聴シェア第2位の代表的なドイツの総合番組チャンネルである。

SAT1はレオ・キルヒが株の59％を支配しているが，残る41％を支配していたシュプリンガー側が他のテレビ局との合併に同意しなかったため，今日まで

一体化が実現しなかった。このたびのキルヒとシュプリンガーの合体は、ベルテルスマン・コンツェルンの巨大化に対抗するもので、合体後のテレビ局数は4局ではあるものの、ドイツのテレビ広告収入の48％を支配するという。その残り分をベルテルスマン傘下のCLT-Ufaが支配する民間テレビと公共テレビが分け合うことになる（公共テレビもCMを放送している）。この新グループ登場の結果、テレビの視聴率シェア（有料テレビを除く）は、公共テレビが約40％、ベルテルスマンと新グループがそれぞれ25％ほどを占めることになる。こうして、かつてARDとZDFという2系統の公共テレビが独占していたドイツで、民間テレビが登場して多局化が進んだあと、公共テレビのほかに2大民間テレビ・グループという3極状態が出現した。

2. 国際的買収（ボーダーレスな拡大）

国内的に展開されてきた上記のような買収・合併劇と並行して、国境を越える買収・合併の動きが、さまざまなメディア分野において展開されている。

新聞の分野では、ドイツの新聞界でシュプリンガーに次ぐ規模をもったWAZ（ヴェストドイチェ・アルゲマイネ・ツァイトゥング）グループの展開が顕著である。国内では8紙を傘下に置き、新聞総発行部数の約6％を占めるうえ、さらに海外に積極的に進出し、1987, 88年にオーストリアで、同国最大の「ノイエ・クローネン・ツァイトゥング」と第2位の「クリーア」を支配下に収めた。両紙の全読者に対するシェアは現在、5割以上に上る。このほかに代表的なニュース雑誌「プロフィル」、経済雑誌「トレンド」も支配下に収めている。

WAZは東欧諸国にも進出し、ブルガリアで1紙、ハンガリーで4紙を支配するほか、クロアチアにも進出し、98年末に首都ザグレブに本拠を置くヨーロッパ・プレス・ホルディング（EPH）社の株50％を取得した。EPHは首都ザグレブで有力夕刊紙「ベチェルニー・リスト」を発行、さらに「グローリア」「ミラ」といった女性雑誌、その他を刊行する。こうしてWAZは国際的なコンツェルン化の道を歩んでいる。

オーストリアは，世界で類をみないほど高度に新聞が集中している国だが，WAZのほかに，ミュンヘンに本拠を置くドイツの高級紙「ジュートドイッチェ・ツァイトゥング」も，ウィーン発行の高級紙「シュタンダルト」を傘下に収めるなど，オーストリアの新聞界はドイツの新聞に支配される状況を呈している。

イギリスの経済専門紙「フィナンシャル・タイムズ」を発行するピアソン社と，ドイツの世界的メディア・コンツェルンであるベルテルスマン傘下のグルナー＋ヤール社は共同で，2000年にドイツ語の「フィナンシャル・タイムズ・ドイッチラント」を創刊した。「フィナンシャル・タイムズ」と同じ淡いピンクの用紙を使うが，編集内容は独自である。ピアソン社はフランスの「レゼコー」，スペインの「エクスパンシオン」などの経済紙を支配するほか，国際的な新聞発行事業を展開しており，グルナー＋ヤール社はドイツで「シュテルン」など多数の雑誌を発行するほか，アメリカ，フランス，スペイン，イギリス，ポーランドなどでも幾多の雑誌を支配する国際的出版グループで，新聞の分野でも，ドイツで「ハンブルガー・モルゲンポスト」「ベルリナー・ツァイトゥング」など7紙を傘下に収めている。

このように，メディアの買収・合併と，それによる集中化の展開は，国境を超えた規模で，拡大をみせている。

3. ベルルスコーニ（法規制と政治力の戦い）

上記のような国境を超えた拡大のなかでも，とくに顕著な規模で，異種メディアを包含した国際的メディア王国を築き上げている事例がある。そのひとつがイタリアのシルビオ・ベルルスコーニである。

ベルルスコーニが現在のメディア王国を築き上げるまでの道程は，政治力をもってメディア法制をかいくぐる歴史でもあった。ベルルスコーニのメディア進出は，1976年の保守系新聞「イル・ジョルナーレ・ヌオヴォ」（現在のイル・ジョルナーレ）の買収で始まった。放送への進出は78年のテレビ局設立からで，

82年にはネットワーク「カナレ5」を立ち上げるとともに、第2のネットワーク「イタリア1」の最大株主となり、さらに84年には第3のネットワーク「レーテ4」も傘下に収め、先に述べたような社会党クラクシ内閣の緊急政令の力によって、イタリアのテレビ界を支配する立場を確立する。

さらにベルルスコーニは、90年にイタリア最大の出版グループ「モンダドーリ」を手中にした。このグループは、イタリア最大の日刊紙「ラ・レプブリカ」のほか16の日刊紙、ニュース週刊誌「パノラマ」のほか34種の雑誌を発行し、書籍の年間出版点数2000を数える大事業体であった。

このようなベルルスコーニのメディア支配にタガをはめるべく、90年に、郵電相オスカル・マミの名をとって「マミ法」とよばれた放送法案が上程された。しかし、クラクシ社会党書記長・元首相に対するベルルスコーニの激しい働きかけが奏功し、ネットワークの所有を同一人に2チャンネルまでしか認めなかった当初の法案が、3チャンネルまで認める内容に修正され、ベルルスコーニの3ネットワーク所有が存続する結果となった。

こうして、ベルルスコーニはイタリア1、レーテ4、カナレ5の3つの全国的テレビ・ネットワークを支配し、イタリアのテレビ視聴者を国営放送RAIの3チャンネルとほぼ半分ずつ分け合うことになった。また広告の分野では、支配下の広告会社「プブリタリア」を通じてイタリアの広告の39％を、テレビ広告については65％を支配した。新聞・雑誌の領域では25％、書籍出版では30％のシェアを占めた。傘下の「シネマ5」はイタリア最大のシネマ・チェーンである。そしてこれらのメディアはすべて、持ち株会社「フィニンベスト」を通じて支配されている。さらにスペイン、イギリス、フランス、ドイツ、そしてロシアなどの海外にも勢力を伸ばした。ほかに最大手のスーパーチェーン「スタンダ」を経営し、欧州最強のサッカーチーム「ACミラン」のオーナーでもある。

ベルルスコーニのメディア王国の形成を、盟友といわれたクラクシ元首相の政治力を抜きにして考えることはむずかしい。しかしその後の政治スキャンダ

ルにより，クラクシ元首相は有罪判決をうけ，海外に逃亡，政治の後ろ楯を失ったベルルスコーニは，みずから政治権力を求めて新党「フォルツァ・イタリア」（がんばれイタリア）を設立し，94年の総選挙に出馬する。キャンペーンには支配下のメディアを総動員し，「フォルツァ」のテーマソングを子どもも覚えてしまうほどの激しい選挙戦を展開した。1994年5月に首相の座についたとき，ベルルスコーニはメディアとの関係を切ると約束した。しかしそれは実行されないまま，同年12月に辞職してしまう。

そこで，ベルルスコーニのメディア支配を許している現行放送法の当否を問う国民投票が行われた。しかし投票の結果は過半数が現状を容認するものとなり，ベルルスコーニのネットワーク3チャンネルの支配は現在もなお存続している。そして汚職容疑の裁判などをくぐり抜け，総選挙が近い今日，ベルルスコーニは再び総理の座を狙う意欲を示している。

4. ステンベック（独占終焉による新たな独占）

長く公共放送独占が続いたスウェーデンでも，遅れてやってきた自由化とともに，イァン・ステンベックの手で，国際的な規模をもつメディア王国が築かれた。

ステンベックのテレビ分野進出は，地上波放送がまだ公共独占時代であった88年のことである。この年，ロンドンからルクセンブルクのアストラ衛星を経由してケーブル・システムにテレビ番組を提供する「TV3」を設立する。スウェーデンのみに向けた広告放送は禁じられていたため，広くスカンジナビア全体に向ける形をとった。

その後91年の法律で，それまで公共テレビ「STV」の「カナル1」と「TV2」に独占されていたスウェーデンのテレビに，最初の地上波民間テレビ1チャンネルが導入されることになった。そこでステンベックの「TV3」と，ライバル関係にあった他の民間テレビ「TV4」とがチャンネルを争うことになったが，両者のあいだで，TV3がTV4の株の相当部分を所有する見返りに，地

上波免許の申請から降り，ステンベック支配下の「エアタイム」がTV3とTV4の広告販売を一手に扱う，という協定が成立した。しかしこの協定は批判を呼び，新たな立法によって，TV4がエアタイムの手を通さず，別個の代理店を利用することで決着した。この間にTV4は免許を取得し，初の地上波民間テレビとしてスタートしたが，現在ではステンベックが36.6％の株を所有している。

　こうしてステンベックは今日，約50の企業で構成される「モダン・タイムズ」グループを中核に据えて，スウェーデンで支配的な地位を占める複合メディア集団を築き上げるにいたった。傘下には，テレビ10チャンネル，ラジオ3局のほか，有力なテレビ番組制作会社「ストリクス・テレビジョン」，スウェーデン第2の携帯電話会社「コンビック」，国有電話会社に対抗する第2位の電話事業会社などを収める。

　ステンベックはさらに海外にも勢力を拡大し，1992年末にデンマーク最大の民間ラジオ・グループ「ラジオ・ボイス」の一部を買収，93年にはアメリカのユニバーサルとパラマウントと提携して，ケーブル・チャンネル「USAネットワーク」をヨーロッパに拡大する計画に参加した。またリトアニアの民間放送「カウヌス・プリウス」を取得したほか，95年からはスウェーデンとデンマークに向けて，女性向けの「TV6」と音楽番組の「Z―TV」の放送を始め，のちにノルウェーにもサービスを拡大する。他に，フィンランドとポーランドでテレビ・チャンネルを取得する計画，ドイツでアメリカのテレショッピング事業者HSNと組んで商品販売のテレビ番組をスタートさせる計画などを進めた。

　また新聞の分野にも進出し，95年始めに，ストックホルムの地下鉄の通勤時間20分のあいだに読むことを狙った，広告収入でまかなう無料新聞「メトロ」を発刊した。この新聞は95年8月にはすでに21万1,000部に達し，現在では，スウェーデンのほか，フィンランド，イギリス，ハンガリー，チェコ，オランダ，チリ，アメリカ，スイスの9ヵ国で発行される世界規模の国際的無料新聞に成長している。

5. ベルテルスマン（マルチ・コンツェルン化と買収の軌跡）

しかし現在，ヨーロッパ最大のメディア・グループは，アメリカのタイム・ワーナーと世界一の規模を争うドイツのベルテルスマン・コンツェルンである。ベルテルスマンが今日の巨大コンツェルンに成長した道程をみると，それは企業買収の歴史といってよい。

ベルテルスマンの歴史は1835年に宗教的出版物を手がける出版社を設立したのに始まる。第二次世界大戦後，ブッククラブで成功を収め，1950年代半ばにはレコードの分野にも事業を広げ，72年に雑誌出版グループ「グルナー＋ヤール」を買収し，ドイツ・メディア界の頂点に立つ土台を築いた。

77年にはアメリカの「バンタムブックス」を，86年には「ダブルデー」を買収し，さらに「デル」も買収，これらを統合して，イギリス，カナダ，オーストラリア，ニュージーランドの各国にまたがるダブルデー・バンタム・デル出版グループを築き上げた。その間86年には音楽会社RCAを買収，95年に世界最大のインターネット・サービス業者AOLに資本参加し，AOLヨーロッパを立ち上げた。テレビの領域では87年に，子会社のUfaを通じ，ルクセンブルクの独占的放送企業CLTと共同で民間テレビRTLを設立した。このUfaとCLTは96年に合併し，「CLT-Ufa」となる。これがベルテルスマンにとって，グルナー＋ヤールの買収のあと，いっそうの発展をもたらす第二のステップとなり，この新連合体が資本参加する放送局は，ヨーロッパ各国に広がるテレビ19局とラジオ23局になった。

さらに98年には，世界最大の出版社のひとつに数えられるアメリカの「ランダムハウス」を買収した。ランダムハウスの事業規模はアメリカ，イギリス，カナダ，オーストラリア，ニュージーランド，南アフリカにまたがっている。またドイツの科学専門出版社「シュプリンガー」も支配下に置いた。

ベルテルスマンの事業は現在，書籍，プレス，放送，諸事業，音楽，マルチメディアの6部門で構成されている。

第一の書籍部門は，ブッククラブ，書籍出版，専門情報出版の3種の活動を包含する。ブッククラブには現在，世界約2,500万人が加入し，ドイツ語圏，アメリカ，カナダ，オーストラリア，フランス，ベルギー，スイス，ポーランド，ハンガリー，チェコなどに広がっている。書籍出版では，ドイツ国内でC.ベルテルスマン，ゴルトマン，ベルテルスマン・レキシコン，海外ではアメリカのバンタム・ダブルデー・デルにランダムハウス，スペインのプラサ・イ・ハヌスなどを数える。専門出版社はシュプリンガーなど20社ほどが傘下に所属する。

　第二のプレス部門は，新聞，雑誌出版社としてヨーロッパの頂点にあるグルナー＋ヤールが全面的にカバーする。傘下の新聞はドイツの7紙，ハンガリーの2紙，スロバキアの1紙を数える。傘下の雑誌は10ヵ国で78誌にのぼる。

　第三の放送部門を担っているのはCLT-Ufaで，RTLのほか，ドイツのRTL2，VOX，スーパーRTLや，ベネルクス，フランス，イギリス各国のテレビ局に資本参加している。ラジオ局も運営し，映画製作，スポーツ放映権ビジネス，テレビ番組プロダクションも支配する。2000年4月には，傘下のCLT-Ufaとイギリスの「フィナンシャル・タイムズ」を発行するピアソン社の番組制作部門［ピアソン・テレビジョン］（PTV）との合併に合意，フランスのM6，イギリスのチャンネル5などをも含むテレビ・ラジオ40社を支配し，世界35ヵ国の約160局にテレビ番組を提供するヨーロッパ最大の巨大メディアを誕生させた。

　第四の事業部門では，全世界に広がる18の印刷企業，配達事業，イタリアの製紙会社などを傘下に置くほか，95年にはベルテルスマン大学を発足させている。

　第五の音楽部門は「ベルテルスマン・ミュージック・グループ」（BMG）として束ねられ，子会社や資本参加の形で，世界的な音楽企業RCA，アリスタ，アリオラなど，40ヵ国に広がる事業を展開する。

　第六のマルチメディア部門にはベルテルスマン・オンライン（BOL）とAOL

ヨーロッパのほか,コンピュサーブ,ライコス,トリポット,バーンズアンドノーブルなどとの合弁事業ほかが包まれる。

こうしてベルテルスマンは今日,全世界50ヵ国余にまたがり,500以上の企業を支配する世界的メディア・コンツェルンになった。

このように,今日のメディア・コンツェルンは,国境を超え,多種多様なメディアにまたがる超広域的・超多角的な広がりをもち,きわめて錯綜した構造をもつにいたっているが,これはまた,多メディア化,多チャンネル化を生み出した要因そのものが生んだビヒモスでもある。

おわりに ── デジタル化による機能的収斂

では,このような現状にあるメディア産業が今後さらにどのような変容を遂げていくのか。その未来像は定かではないが,少なくとも電気的な情報提供システムの領域に属するものである限り,すべてのメディアが,形態的にはどうあれ,その情報提供活動のベースとしてデジタル技術を共有するにいたることは明らかであると思われる。そしてその共通性は,いずれのメディアも技術的な機能としては,双方向性,選択性,検索性など,受け手主体の特性をもった類似の情報サービス・システムに収斂していくことを意味する。したがって,そうした世界のなかでいかなるメディアがいかなる位置に立つか,いかなるシェアを占めるかは,そのメディアが提供するコンテンツに基づく社会的機能が,いかに広い社会的ニーズに応えるものであるか,によって定まってくるのでないか。その意味で,いかなるメディアがいかなる情報をいかに提供し得るかが,メディア秩序の変動を生む大きな動因となっていくのではないだろうか。

(廣瀬　英彦)

参考文献
『データブック　世界の放送』日本放送出版協会(年刊)

『放送研究と調査』日本放送出版協会（月刊）
Archiv, *Die Presse*, Wien, Austria.
Archiv, *Süddeutsche Zeitung*, München, Deutschland.
The Global Archives, *Financial Times*, London, UK.
Archives, *Le Monde*, Paris, France.
Hachmeister/Rager, *Wer herrscht die Medien*, C.H.Beck, München, Deutschland.
Journalist, Rommerskirchen GmbH & Co KG.Rolandshof, Deutschland（月刊）．
Media Perspektiven, Arbeitsgemeinschaft der ARD-Werbegesellschaften, Frankfurt am Main, Deutschland（月刊）．
World Newspaper Trends（Yearbook）, World Association of Newspapers, Paris, France（年刊）．

第7章　コミュニケーション研究の源流と起点

── 第❶節　コミュニケーション研究成立の歴史的背景 ──

　コミュニケーション研究も優に半世紀を超える学問的発展を遂げ，コミュニケーション研究史が重要な問題領域として浮上してきている。その端的な例示として，コミュニケーション研究の総本山と目されているアメリカで，コロンビア大学ガーネット・メディア研究センター（現，自由フォーラム・メディア研究センター）が1985年から1994年にかけて「マス・コミュニケーション研究の歴史」を主題に一連の講義やセミナーを開催し，その成果を『アメリカのコミュニケーション研究──歴史の記憶──』にまとめていることが挙げられる。[1]

　メディア環境の劇的な変動が限りなく進展するなかで，コミュニケーション研究の歴史的足跡をたどり，その全体像を可能なかぎり多面的立体的に浮かび上がらせるとともに，あわせてその問題点を洗いだし，今後のコミュニケーション研究のさらなる発展に資する試みはまことに時宜をえた有意義な知的営為であると思われる。

　ここでは，とりあえずコミュニケーション研究の創成期に問題の焦点を絞って当時のパイオニア研究者たちの問題意識や理論的枠組み（パラダイム）にかかわる3つの論点を取り上げてみたい。ただし，その考察は研究ノートの域を越えるものではない。

　コミュニケーション研究が1930年代から40年代にかけてアメリカで起動し成立したことに異論を差しはさむ研究者はほとんどいないだろう。アメリカがコミュニケーション研究の発祥地となったのは，それなりの理由が存在する。

(1)指摘するまでもなく，いかなる学問分野であれ，時代の要求が新しい学問研究の母である。マス・メディアの発達がもっとも進んでいたアメリカで映画やラジオといった新生のメディアの実態や影響への興味関心が他国に先んじて顕出したのは自然の成りゆきであった。時代の要求はおおむね4種類あったと考えられる。

　①ひとつはもちろん，メディア産業や広告業界の側からの商業主義的必要である。新聞は販売部数により，映画は観客動員数によって新聞読者や映画観客の量的実態や選好をマクロにとらえることができたが，ラジオの場合，聴取者はエーテルのような無形の存在であっただけに，その規模・社会的構成，動機・期待・満足，個人生活と社会生活への影響などを的確に把握できる客観的データが喉から手が出るほど欲しかったので，ラジオ研究を積極的に支援し資金提供を行ったのである。映画研究についても，事情は同じであった。

　②2つ目として，政府と民間財団がコミュニケーション研究の強力な後ろ楯になった。第一次世界大戦は一面において「心理戦争」(Psychological Warfare) とか「武器なき大戦」(World War Without Weapons) と呼ばれ，現代戦における政治宣伝の重要な役割をクローズアップさせた。世界の軍事的覇権の掌握をめざすアメリカにとって，政治宣伝研究は必須の政策課題であった。コミュニケーション研究を促した政治的文脈であったといえよう。

　③3つ目に，アメリカ資本主義の発展に伴って勃興するパブリック・リレーションズ (PR) 企業がパブリシティを有効に実践するためのコミュニケーション戦略とテクニックの開発を渇望したことも，コミュニケーション研究への関心と発展を鼓舞したと思われる。

　④4つ目に，映画やラジオへの大衆的興味関心の高まりがコミュニケーション研究の推進に拍車をかけた。新しいメディアが登場するとき，そのメディアへの多様な好奇心を喚起し，期待と不安とが入り混った社会的雰囲気がしばしば醸成される。こうした人びとの不安や懸念を緩和したり解消するために，マス・コミュニケーションの過程と効果に関する行動科学的実証研究に取り組む

ことが社会的に要請されたのである。

　(2)第二に，ヨーロッパの社会科学の影響圏から離脱し，アメリカ社会の現実に根ざした社会科学的個性の形成をめざしていた社会学者や政治学者や心理学者にとって，コミュニケーション研究が将来性のある魅力的な研究分野として映り，多くの卓越した学者を一気に引き寄せた磁場的事情があっただろう。コミュニケーション研究の学祖と称されるP.F.ラザースフェルド，H.D.ラスウェル，C.I.ホヴランド，K.レヴィンはいずれもアメリカの社会科学界の巨星であった。

　(3)第三に，アメリカ社会の経験主義的・実用主義的思想風土が行動科学的実証研究をスムーズに受けいれ，その発展への肥沃な培地になったと思える。

　こうした歴史的背景や諸条件の連鎖と複合のなかで，コミュニケーション研究はアメリカで産声を上げ，力強く成育していった。その結果，コミュニケーション研究は好むと好まざるとにかかわらず総体として政府や業界のプラクティカルな必要と利害に寄り添う軌道を描くこととなり，この実務的な特性がコミュニケーション研究の主流の通奏低音になったのである。[2]

　このようないきさつからいって，コミュニケーション研究の起点を1930年代から40年代のアメリカのコミュニケーション研究に求めるのはきわめて妥当なことであり，事実，この見方は内外の学界で広く共有されている通説であるといってよい。そうだとしても，この通説が過度にステレオタイプ化されてしまったきらいがないでもない。コミュニケーション研究のヨーロッパ・ルーツを探究する近年の試みも，「アメリカの科学」とレッテルをはられたコミュニケーション研究の源流を改めて問い直す動きとして注目されるであろう。

── 第❷節　3つの基本的論点 ──────────

1. 論点1：ヨーロッパ・ルーツ

　第一の論点は，はたしてコミュニケーション研究を「アメリカの科学」（an American science）と断言してよいかという問題である。E.カッツはBBC（イギリス放送協会）への報告書（1977年）で，「一般的にいえば，コミュニケーション研究は疑いもなくアメリカの科学である」と言い切っている[3]。この言葉のなかには，P.F.ラザースフェルドとともにアメリカのコミュニケーション研究の確立に先駆的に寄与した自負と自賛が漲っている。独りカッツだけではない。イギリスのメディア研究者J.タンストールも，「マス・コミュニケーション研究は本質的にアメリカの発明品（a U.S. invention）である」ことを認めている[4]。R.K.マートンがすでに1949年に，ヨーロッパ社会学の伝統を知識社会学として特徴づける一方，マス・コミュニケーション研究を知識社会学のアメリカ版として叙述したこともよく知られている[5]。

　しかし，コミュニケーション研究がアメリカ製であるという見方に異を唱える研究者がいないわけではない。例えば，K.ラングはそのひとりで，「アメリカの大部分の学者は英語で書かれた出版物に依存しているので，外国のマス・コミュニケーション研究についてほとんどなにも知らない」と，辛辣に批判の矢を放っているが[6]，この批判にはアメリカ一辺倒のコミュニケーション研究の歪みを調節すべきだとの強いメッセージが込められている。

　ラングの批判のオクターブはさらに上がって，問題の核心に迫っていく。「経験的コミュニケーション研究はあまりにしばしば経済的利害に突き動かされた比較的日が浅いアメリカの発案であると誤解されてきた。そして，そのルーツがヨーロッパの学者を激しく揺り動かした知的社会的文化的関心にもっと深く根ざしていることもまた見過ごしがちである。事実，アメリカの研究に帰せられるほとんどすべての経験的方法はヨーロッパで開発され，しかる後に多く

の亡命学者によってアメリカに持ち込まれた」と歯に衣を着せずに主張している。[7]

いずれの学問分野であれ、学問のルーツ探しはさまざまに試みられてきた。西洋文明圏の場合、その源流を古代ギリシア哲学にまでさかのぼることも少なくないし、現代との連続性という限定枠をはめるなら、近代社会の成立以降の社会思想との連関は少なくとも視野に収めなければなるまい。ちなみに、E.M.ロジャーズはその著『コミュニケーション研究の歴史－文献アプローチ－』において、「コミュニケーション研究のヨーロッパ起源をめぐって(1)C.R.ダーウィンの進化論、(2)S.フロイトの精神分析、(3)カール・マルクスと批判学派、に論及している。[8] また日本でも、田中義久がコミュニケーション理論史研究の知的大航海に乗り出し、「ニコラウス・クザーヌスからジョン・ロックへの思想像－より正しくは世界像－のスパイラルを辿ることによって、ヨーロッパ『中世』社会の内部からの《近代》の胎生の姿」を解明するという野心的な歴史的課題に挑んでいる。[9] コミュニケーション研究の歴史的ルーツ探しというとてつもなく遠大なテーマはまだ緒についたばかりといってよい。

このような状況を踏まえて、コミュニケーション研究のヨーロッパ・ルーツの考察に向けての当面の第一歩として浮かび上がってくるのは(1)ドイツ新聞学（Zeitungskunde／Zeitungslehre／Zeitungswissenschaft／Zeitungswesens）の影響、(2)シカゴ学派とのコネクション、(3)エミグレの影響、といった問題群であろう。だが、私は現在のところこれらの問題群に本格的に立ち入るための研究蓄積がないので、ここではトルソー風の描出にとどめざるをえない。

① ドイツ新聞学の影響

まず、予備的作業として、ドイツ新聞学の成立と発展について略述しておこう。いうまでもなく、ドイツの新聞学の始まりはアメリカよりもずっとふるい。最初の新聞史講義はライプチヒ大学で1672年に行われたといわれており[10]、さらにH.ウトケが1875年に『ドイツの定期刊行物と世論の成立』（*Die deutschen Zeitschriften und die Entstehung der öffentlichen Meinung*）を著し、1900年

から1906年にかけてL.ザロモンの『ドイツ新聞史』(Geschichte des deutschen Zeitungswesens, 3 Bde.) の3巻本が刊行され，1903年にはE.レーブルの『文化と新聞』(Kultur und Presse) が上梓されている。

新聞学の本格的発展は第一次世界大戦後であると一般に考えられている。1916年のライプチヒ大学新聞研究所 (Institut für Zeitungskunde)，1924年のミュンヘン大学新聞学研究所 (Institut für Zeitungswissenschaft)，1925年のベルリン大学ドイツ新聞研究所 (Deutsche Institut für Zeitungskunde) などが相次いで設立され，新聞学の制度化が進展する。

新聞学の著書も，新聞学の最初の体系化を試みたE.ドヴィファットの『新聞学』(Zeitungswissenschaft, 1922)，K.ビュッヒャーの『新聞誌学著作集』(Gesammelte Aufsätze zur Zeitungskunde, 1926)，K.イェーガーの『新聞学から公示学へ』(Von der Zeitungskunde zur publizistischen Wissenschaft, 1926)，K.デスターとW.ハイデの『編年記ドイツ新聞学』(Zeitungswissenschaft in Deutschland in chronologischer Darstellung, 1928)，O.グロートの『新聞』4巻 (Die Zeitung, 4 Bde., 1928/30)，H.A.ミュンスターの『青年と新聞』(Jugend und Zeitung, 1932)，『公示学-人間・手段・方法-』(Publizistik : Menschen・Mittel・Methoden, 1939) などが続々と出版されている。

1930年代に入って，(1)ラジオの急速な大衆化と影響力の増大を背景に，狭義の新聞学の名称が多様化するメディアの実態と乖離してきたため，新聞・出版・映画・放送などの諸メディアを横断的に包括する公示学 (Publizistik) の用語が一般に用いられるようになる，(2)アメリカのマスコミ研究への接近が見られる，(3)研究対象の焦点が新聞史や新聞法制といった伝統的テーマから世論・宣伝研究といった現代的テーマに転換していく，などの変化が現れてくる。しかし，決定的なポイントはやはり，「ドイツ新聞学は1933年ナチスが政権を掌握したのちは，衰微・中断するか，またはナチスの宣伝御用学となった」ことだろう。[11]

戦前のドイツ新聞学がアメリカのコミュニケーション研究に，どんな影響を

与えたかについての歴史的研究はほとんど皆無に等しいといってよい。[12] それゆえ，ここではM.ウェーバーが1910年の第1回ドイツ社会学会大会の講演で提唱した新聞社会学（Soziologie des Zeitungswesens）のモニュメンタルな構想に言及するのが有意義なことであると思われる。[13]

ウェーバーはその演説を，つぎのように切りだした。「会場のみなさん，学会が最初に取り組むのにふさわしい純粋に科学的な主題は新聞の社会学であります」。かれはなによりも当時の倫理的価値判断に染められた新聞研究に飽き足らず，新聞現象に関する価値自由の社会科学的研究の重要性と必要性を訴えたのである。そして，新聞社会学の取り組むべき主要な課題として，つぎのようなものを挙げている。

第一が新聞の内容分析への要請である。かれは新聞現象の実証研究の方法として内容分析を重視し，新聞記事が新聞の政治的経済的文化的実質を具体的客観的に表現すると考えた。ウェーバーはもっぱら議会報道が優越する「議会特権の原則」に言及し，とくにイギリスの場合に顕著であると述べている。

第二に，過去および現在の報道様式に関する研究であって，新聞の編集方針や報道スタイルが社会的・イデオロギー的諸要因と連関しつつ，歴史的にどのように変化したかが問われなければならない。ただし，この研究は新聞社の協力がないと成功しないので，その協力を得るためには特定の価値判断やイデオロギー的立場に囚われずに終始客観的に探究される必要がある。

第三は新聞と社会の特権階級・階層との関係である。新聞と政党との，新聞と産業界との，あるいは新聞とさまざまな利益集団・団体との諸関係に関する研究が新聞社会学にとっての挑戦的テーマとなるだろう。

第四に，情報源としての，とりわけ政治的情報源としての新聞と広告媒体としての新聞との緊張関係の原因および結果についての研究である。

第五に，巨大資本に支えられる新聞はたえず読者から見離されないように気づかっているかどうかの新聞経営上の問題がある。

第六の問題は新聞チェーンや新聞独占といった資本主義的発展が世論の形成

第7章 コミュニケーション研究の源流と起点　*147*

に及ぼす影響や意味の解明である。

　第七に，ウェーバーはジャーナリズムの実践をめぐって一連の問題群を事細かに提起している。すなわち，(1)ジャーナリズムの在り方が情報源との関係によって，あるいは定期購読ではなく立売りに頼ることでどんな違いが生じるのか，(2)ジャーナリズムは書き手の才知の鋭利さや卓越性よりも，新聞社の制度的権威の伝統により強く影響されるのか，もっと端的にいうなら新聞社は個々のジャーナリストにどの程度の独立性と自律性を与えているのか，(3)フリーランサーをどのくらい重用しているか，(4)論評よりも事実報道への一般的流れがあるのかどうか，(5)一般的にいって，新聞の主要な情報源はなにか，(6)新聞企業の巨大化や系列化に伴う影響はなにか，といった問題群にほかならない。

　第八に，ウェーバーは職業としてのジャーナリズムやジャーナリストの職業上の経歴の研究と，その国別の比較研究を提唱している。ジャーナリズムは政界への踏み石となるのか，ジャーナリストの出身階級や学歴はなにかといった問題にも言及している。

　第九に，(1)読者は日常的習慣的にどの紙面やどんな記事に目を通し読んでいるのか，(2)新聞は本を駆逐してしまうのだろうか，(3)注意の焦点をつぎつぎとカメレオンのように変えるニュース報道は読者にどんな刺激効果をもたらすのか，(4)文化一般に及ぼす効果はなにかなど，読者や社会への心理的社会文化的諸効果の問題がある。

　このような問題提起を行ったのちに，ウェーバーはつぎのように講演を締めくくっている。「率直に申し上げるなら，新聞そのものの内容が過去数十年のあいだに量的にどう推移したかを一歩一歩着実にカリパスとコンパスで測定しながら研究を進め，しかも広告面や特集面にも目配りし，特集と社説との，社説とニュースとの，取材収集した情報と実際に記事として利用したものとのバランスも無視してはならないでしょう。(略)私たちは研究の第一歩を踏みだしましたが，まだ緒についたばかりなのです。こうした量的研究成果を土台に

して，私たちはさらに質的研究に取り組むことになるでしょう」。

K.マルクスと並ぶ社会科学の巨人であるウェーバーの鋭く豊かな洞察力や先見的構想力はさすがにみごとであるというほかない。歴史的に展望すれば，新聞学もマスコミ研究も大筋としてかれが提唱した研究アジェンダにそって着々と進展したからである。ここで的確に検証できるわけではないけれども，ウェーバーの新聞社会学の構想は20世紀初頭にドイツに留学したシカゴ学派の研究者や1930年代にドイツとオーストリアからアメリカに亡命しコミュニケーション研究にかかわった社会学者に直接間接に影響を及ぼしたことは想像にかたくないだろう[14]。

② シカゴ学派への影響

初期コミュニケーション研究へのドイツ社会学・新聞学の影響という点では，なんといってもヨーロッパ社会学の上陸拠点あるいは取水口であったシカゴ大学の群像に目を向けなければなるまい。シカゴ学派の実証的社会学の揺るぎない基盤と伝統を築いたR.E.パークはG.ジンメルのもとで社会学を学び，ジンメルの指導を受けて学位論文『大衆と公衆』（*Masse und Publikum*）を執筆し，1904年にハイデルベルク大学で博士号を取得した。かれの世論研究への関心は生涯にわたって持続したのである。

新聞記者の経歴をもつパークは当然のこととして新聞への強い興味と関心をいだき，移民コミュニティのエスニック新聞の事例研究に携わった。「新聞の博物学」（1923年）の論文はニュース論の優れた古典的文献であるが，K.ビュッヒャーの影響を受けたといわれている[15]。

パークはミシガン大学でJ.デューイの教えを受けたが，そのデューイなどとともに社会的事実の科学的報道をめざす『思潮ニュース』（*Thought News*）という名の，世論の動向を伝える新しいタイプの新聞を発行することを考案したことは有名なエピソードである。

E.M.ロジャーズは，パークがマスコミ研究の注目すべき先駆けであったにもかかわらず，後述の「学祖四天王の神話」に眩惑されて正当に位置づけられ

てこなかったと述べ，パークがその著『移民新聞とその統制』(The Immigrant Press and Its Control, 1922) において今日でも適切妥当な永続的研究課題を先駆的に提起したことを指摘している。[16] すなわち，(1)メディア内容はどのように世論に影響を及ぼすか（今日，アジェンダ設定過程と呼ばれている），(2)マス・メディアは世論によってどう影響されるか，(3)マス・メディアは社会変動をもたらすことができるか，(4)対人的ネットワークはどんなふうにマス・メディアに連結しているのか，といったマスコミ研究の根本的なテーマにほかならない。M.ウェーバーの新聞社会学の構想の一端がここに濃厚に投影されているのを窺い知ることができるであろう。

このようなパークの研究足跡を垣間見ただけでも，かれがヨーロッパ社会学・ドイツ新聞学をアメリカに導入した最初のマスコミ研究者であったといえるだろう。

コミュニケーション研究の主要な方法として内容分析に新機軸を打ちだし，政治におけるシンボルの役割と機能を浮き彫りにしたH.D.ラスウェルも，シカゴ学派につらなる人脈のひとりである。かれは1922年にシカゴ大学を卒業したのち，ヨーロッパに留学し，S.フロイトやK.マルクスなどのヨーロッパの学問や思想を幅広く学び，1926年にシカゴ大学で博士号を取得した。フロイトの精神分析の方法を政治権力の分析に応用し，政治学の新しい方法論と分野を開拓したことは特筆に値する。

かれの学位論文は『世界大戦における宣伝技術』の書名で出版されたが，[17] 政治宣伝に関する理論的・実証的研究はまさにラスウェルの独壇場で，その多くの著作は米ソ冷戦下のアメリカのコミュニケーション政策に多大の影響を与えた。第二次世界大戦中から戦後にかけて実施された政治宣伝で用いられるキーシンボルや主要国の政治エリートの言動や世界の高級紙に関する大掛かりな内容分析は「世論の世界天気図」を描出することを目指したといわれている。また，かれは学際的な政策科学 (policy sciences) の熱烈な提唱者で，コミュニケーション研究を政策形成・決定過程に関する科学的研究であると位置づけて

いたことも忘れてはならないだろう。パークの後に続いて、ラスウェルはヨーロッパの知的伝統を踏まえてコミュニケーション研究の確立に大きく寄与したのである。

このほか、H.G.ブルーマーやB.R.ベレルソンなども、コミュニケーション研究の発展に寄与したシカゴ学派の群像に数え上げることができる。ブルーマーはシカゴ大学でG.H.ミードに学び、同大学で学位を取り、カリフォルニア大学バークレー校に移るまでシカゴ大学で教鞭を執っている。「大衆・公衆・世論」に関する論考はコミュニケーション研究で光彩を放つ古典的文献であるし[18]、ペイン基金研究（Payne Fund Studies）の中心的研究者として『映画と行為』[19]『映画・非行・犯罪』[20]を著わしている。かれは社会生活に関する純粋科学的アプローチの不毛性を批判し、シンボリック相互作用論を体系化し、社会的現実の非固定性・流動性・変動性に着目して、後年の構築理論の形成に大きな影響を与えた。内容分析の方法論を手堅く確立し、投票行動や世論の研究で卓越した業績をあげたベレルソンもシカゴ大学で1941年に学位をとり、コロンビア大学に移るまでシカゴ大学の教壇に立っている。

このようにして、コミュニケーション研究の成立と確立においてシカゴ学派のはたした功績はまことに大きく、しかも「アメリカの科学」といわれるコミュニケーション研究にヨーロッパ的知の伝統を埋め込んだのである。[21]

③　エミグレの影響

亡命者を介したヨーロッパ社会学のコミュニケーション研究への影響については、オーストリアのウィーン生まれの社会学者で、1933年にアメリカに帰化し、コロンビア大学応用社会調査研究所を創設したP.F.ラザースフェルドが巨木のようにそびえ立っている。かれの研究業績は多岐にわたったけれども、1940年代の一連のラジオ研究がもっとも重要であるといえよう。かれを領袖とするコロンビア学派のラジオ研究はマスコミの受け手・効果研究を先導し、実証的マスコミ社会学の樹立への道を拓き、さらに応用社会調査研究所をコミュニケーション研究の総本山にのしあげたからである。[22]

第7章　コミュニケーション研究の源流と起点　151

　ラジオ研究は1937年にロックフェラー財団の研究資金提供で開始されたが，ラザースフェルドはその研究プロジェクトの総括責任者に選ばれ，A.H.キャントリルとF.スタントンが片腕として補佐した。ラジオ研究はラジオ番組への聴取者の日常的接触実態を明らかにするだけでなく，さらに聴取者の動機・満足や態度への影響・効果の把握をめざす当時としては画期的なものであった。こうして，よく知られているように，クイズ番組やソープオペラ（昼間の連続ラジオ・ドラマ）の愛好者研究[23]，実況放送形式で迫真的に脚色された「火星人の襲来」ドラマ放送の聴取者のパニック反応研究[24]，戦時国債の販売促進のためのマラソン・ラジオキャンペーン放送研究など[25]，今日の利用・満足研究の先駆をなす金字塔が打ち建てられたのである。初期コミュニケーション研究に斬新でユニークな彩りを添えたこれらの研究成果はH.ヘルツォークやT.アドルノなどのエミグレの参画による異種交配なしには生まれなかったであろう。まさにコミュニケーション研究史上の溌剌たる青春時代と称してよい。

　1940年代後半に，コロンビア学派の研究テーマが標本調査法に依拠する選挙キャンペーン研究に移行したために，ラジオ研究の貴重な知的遺産は後景に押しやられ，1970年代における利用・満足研究のルネサンスでふたたび脚光を浴び再評価されるまで埋れ木になったのである。このラジオ研究のたどった命運は一面ではコミュニケーション研究のヨーロッパ・ルーツからの離脱，言い換えればそのアメリカ化への進展とアメリカ的アイデンティティの確立を意味していたといってよいだろう。

　一連のラジオ研究の成果として，(1)聴取者がそれぞれの選好・態度といった先有傾向に基づき，選択的にラジオ番組に接触していること，(2)ラジオ聴取行動を他の多様なコミュニケーション行動のネットワークのなかに位置づけて分析する必要があること，(3)メディア利用の「すべてか無かのパターン」（all-or-none pattern），あるいは受け手の重層性（audience overlap）といった経験的テーゼが提起されたことはよく知られている知見である。

　ラジオ研究は総体的にいえば広告媒体としてのラジオの有効性の有無・程度

を探究することに軸足をおいた実務的性格のつよい政策科学であったとしても，教育や市民的教養の向上に資するメディアとしての可能性や民主主義の発展に寄与できるラジオの在り方もさぐりたいというアカデミックな問題意識や願望・期待が底流としてあったことを見逃してはならぬだろう。

　初期コミュニケーション研究へのフランクフルト学派エミグレの影響をめぐっては，大衆社会論との関係が問題となる。D.マクウェールが指摘したように，「支配的な，なによりも重要な理論があったとすれば，物議を醸すものであったにせよ，恐らく『大衆社会』の理論に関連する説明であった」。そして，かれはさらにつぎのように述べている。「1930年代以降，マス・メディアによって伝播される社会的・個人的価値に，そして社会的文化的生活の質とのかかわりに，広く関心がもたれるようになった。テオドール・アドルノ，マックス・ホルクハイマー，レオ・ローウェンタールといったフランクフルト学派のアメリカ亡命者たちがこうした方向への重要な初期の研究動機をうながしたのである」[26]。

　大衆社会論が一方で初期コミュニケーション研究を主導した皮下注射モデルあるいは弾丸モデルへの強力な理論ベースであったけれども，他方では大衆社会論的メディア・テーゼを非科学的であると否定し，その呪縛を解くことでコミュニケーション研究の肥沃な領域が開拓され発展していったわけであるから，大衆社会論の影響はアンビヴァレントであったといわなければならない。コミュニケーション研究は比較的早期に大衆社会論の影響圏から離脱できたが，フランクフルト学派の大衆文化批判論は商業主義的メディア文化の隆盛のなかでしぶとく滞留し続けたように思われる。

　もっとも，アンビヴァレントな影響といっても，コミュニケーション研究の発展とともに大衆社会論的メディア・テーゼはほとんど息の根を止められたといってよい。だが，全体主義としての大衆社会という否定的・悲観的理論文脈ではなく，大衆社会を多元的民主主義の社会形態の表れとして肯定的・楽観的に認識する新手の大衆社会論が登場してくることにも注目すべきであろう。こ

の視座によれば，資本主義の発展は豊かな大衆消費社会を出現させたが，その社会では大衆の広範な政治参加が支配エリートによる権力の独占と大衆操作を事実上不可能にしているというのである。ヨーロッパ生まれの大衆社会論のアメリカ的換骨奪胎にほかならない。

2. 論点2：学祖四天王の脱神話化

コミュニケーション研究の代表的先駆者として通常挙げられるのは，宣伝研究で卓越した業績をあげた政治学者H.D.ラスウェル，ラジオ研究や投票行動研究で重きをなした社会学者P.F.ラザースフェルド，グループ・ダイナミックス（集団力学）の理論的方法論的基礎を築いた心理学者K.レヴィン，説得的コミュニケーション効果の実験心理学的研究を主導した心理学者C.I.ホヴランドである（図7-1参照）。コミュニケーション研究がアカデミーの世界で有意義な学問分野として認知され市民権を得るのに，これらの豊かな構想力と分析力に恵まれた学者のはたした貢献はまことに絶大であり，かれらに学祖の尊称を与えても決して不当なことではない。

しかし，見直しの動きがないわけではない。たとえば，コミュニケーション研究を「アメリカの科学」であると断言したE.カッツは，「コミュニケーション研究は恐らく20年にわたってポール・ラザースフェルドとハロルド・ラスウェルとカール・ホヴランドといった学祖のもとで隆盛をきわめた」と述べ，レヴィンを削除している[27]。たしかに，コミュニケーション研究への直接的な関与と寄与からみて，レヴィンは他の3人のパイオニアに比すべくもなかろう。

B.R.ベレルソンは学祖四天王のメジャー・アプローチとともに，6つのマイナー・アプローチを挙げているが，そのなかのひとつとしてケーシー，ニクソン，シュラムなどのジャーナリズム研究に言及し，その主要な問題関心がメディア統制や送り手分析などの実務的研究にあったこと，そしてとくにマスコミの倫理的責任に関するシュラムの貴重なメディア改良的アプローチ（reformist approach）に触れている。日本でも比較的早い時期に，「アメリカにおけ

図 7-1 コミュニケーション研究の先駆者のプロフィール

先駆者	ラスウェル —1930年代初期—	ラザースフェルド —1930年代後期—	レヴィン —1930年代後期—	ホヴランド —1940年代初期—
代表的著作	1)『世界大戦における宣伝技術』(1927年) 2)『政治の言語』(1949年)	1)『民衆の選択』(1944年) 2)一連の『ラジオ研究』(1940-49年) 3)『投票』(1954年)	「グループ・ダイナミックスのフロンティアⅠ, Ⅱ」(1947年)	1)『コミュニケーションと説得』(1953年) 2)『マス・コミュニケーションにおける実験』(1949年)
学問的基盤	政治学	社会学的 社会心理学	社会心理学的 実験心理学	社会心理学的 実験心理学
研究関心	1)広範な政治-歴史的アプローチ 2)権力への関心	1)特定の短期的経験的諸問題 2)市場調査との提携 3)受け手・効果への関心	1)小集団内の個人的諸関係 2)小集団における影響とコミュニケーションへの関心	コミュニケーション効果の心理学的研究
典型的カテゴリー分析	1)事実と価値表明 2)同一化のシンボル(政治的)	1)デモグラフィック変数と「質問紙法」 2)回答者の社会的地位と態度(社会学的)	1)専制・民主・自由放任の3種のリーダーシップ類型 2)集団内に働く斉一性への圧力(心理学的)	一面的アピール, 情報源の信憑性, スリーパー効果, ブーメラン効果などといったメッセージ特性と効果
研究方法・素材	1)記録資料 2)内容分析	1)大衆の回答 2)現場面接 3)標本調査 4)自然状態に近いかたちでの調査研究	1)集団圧力の下での個人行動 2)実験的アプローチ 3)準自然的実験	1)心理学的過程 2)実験室実験
典型的命題	1)宣伝は状況を極化する。関心が低ければカタルシスを助長し, 関心が高ければ危機に陥らせる。 2)権力支配者のあいだで流布する政治シンボルは一般社会に提示されるシンボルよりも, はるかに権力の現実と密接に一致する。	1)人びとはその先有傾向に適合するコミュニケーション内容に接触する傾向がある。 2)コミュニケーションへの接触は人びと意思決定に突き動かすけれども, その意思決定はおおむね人びとの潜在的態度と一致する。	1)ある特定の話題をめぐる集団内のコミュニケーション圧力は a)集団内の意見や考え方のずれが大きくなるとき, b)集団の凝集性が強いばあい, c)集団モラールとかかわるばあいに増大する。 2)集団内の特定個人へのコミュニケーション圧力はそのメンバーが集団にとって必要でなければ減少する。	1)一面提示型コミュニケーションはその立場に初めから賛同する人びとにより有効であり, 両面提示型コミュニケーションはその立場に初めから反対である人びとにより有効である。 2)事実の記憶は時間の経過とともに薄れるので, 当初の意見変容はとくに支配的な集団態度と一致するなら, 時間の経過とともに強化される(スリーパー効果)。

注) ベレルソンのチャートを一部手直ししている。
出典: Berelson, B., "The State of Communication Research," *Public Opinion Quarterly* 23 (1): 1-6, 1959, pp.2-3.

るコミュニケーション研究を語るばあい（中略）シュラム自身の存在を忘れることはできない」と指摘されていたことも想起されてよい。[28]

　W.シュラムが，(1)社会科学としてのコミュニケーション研究の確立，(2)コミュニケーション研究とジャーナリズム研究とを統合する学際的アプローチの提唱，(3) C.E.シャノンとW.ウィーヴァーのリニアなコミュニケーション・モデルの双方向的・相互作用的・循環的なコミュニケーション・モデルへの再構成，(4)アイオワ大学・イリノイ大学・スタンフォード大学などの主要なコミュニケーション研究所の設立への関与，(5)変動のいちじるしいコミュニケーション・メディア問題への機敏な取り組みなどにおける大きな役割と貢献に着目するなら，四天王の「偉大な着想」と比較すると見劣りがするかもしれないが，シュラムをコミュニケーション研究の学祖のひとりに加えても決して的外れなことではなかろう。

　アメリカでも近年にいたって，シュラムを「コミュニケーション研究分野の創建者」として位置づける主張が支持されつつある。「ラスウェル，ラザースフェルド，レヴィン，ホヴランド，ウィーナー，シャノンのような先駆者がいなかったなら，コミュニケーション研究は今日の地位を確立できなかったであろう。しかし，『コミュニケーションが固有の研究分野になりえたのは，だれよりも』シュラムのおかげであった」と，E.M.ロジャーズはW.ペズレーの賛辞に同調している。[29]

　このように，コミュニケーション研究の鼻祖をめぐって，「4人の学祖の神話」(Four Fathers Myth)の硬直した呪縛を解くことを含めて今後もいろいろの見方・考え方が提起されるだろうが，そのさい浮上してくるキーパーソンはW.リップマンではないかと思われる。周知のように，かれのステレオタイプ・疑似環境などの概念はコミュニケーション研究に不可欠な鍵概念になっているし，その古典的名著『世論』はコミュニケーション研究が世論研究と相即不離であることを鮮やかに浮き上がらせた。「アメリカのマスコミ理論・研究は少なくとも理論的構図ではリップマンの『世論』(1922年)への一連の脚注で

ある」といった，いささか単純鮮明すぎる見解すら披瀝されている。[30]こうした見地に立つなら，リップマンをコミュニケーション研究のグランドファザーと呼んで差し支えないかもしれない。

　そうであるとしても，リップマンとコミュニケーション研究とのかかわりはなかなか複雑で錯綜していることも否定できない。たとえば，ベレルソンの論文「コミュニケーション研究の現状」(1959年)では，リップマンは一顧だに言及されていない。[31]リップマンはいうなれば，忌避されてよいノン・アカデミックだったのであろう。その最大の理由は恐らく1920年代アメリカの知的風土のもとでは，アメリカ民主主義の病理に敢然と立ち向かうかれの冷酷な事実認識とペシミスチックな時代診断は即座に受けいれられるものでなく，初期コミュニケーション研究の根底には，コミュニケーションによる社会的合意形成への信念と願望が依然として根強く流れていたと思われるからである。

3. 論点3：初期コミュニケーション研究のヒューポダイムの揺らぎ

　初期コミュニケーション研究のヒューポダイム(基幹的知の枠組み)として，「コミュニケーションが望ましい社会的統合を生みだす」という機能主義的合意モデルが自明の理として前提されていたといってよかろう。E.カッツとP.F.ラザースフェルドはコミュニケーション研究史上の輝かしい里程標である著書『パーソナル・インフルエンス』(1955年)の冒頭で，2つの対極的コミュニケーション観が20世紀初頭に鋭く対立していたと述べている。[32]ひとつはタウン・ミーティングを原型とする民主的コミュニケーション観で，C.H.クーリーの古典的著書『社会組織論』(1909年)からつぎのような一節を引用している。「一般的にいえば，19世紀初頭以降のコミュニケーションと社会の全体制の諸変化は人間性の，すなわち社会全体のなかで自己を表現する力の拡張を意味している。社会が権威・カースト・慣習よりも，人間のより高度の能力と知性・共感とに基づいてますます組織されることを可能にしている。自由と明るい見通しと無限の可能性を意味しているのだ。公衆の意識はその活動の場をローカ

ルな集団に局限せずに，新しい交流で可能になる多様な思いや考え方との相互作用によって等しく拡大し，やがて国全体が，そしてついに世界そのものがひとつの生き生きとした精神的統一体に包括されるかもしれない」。まことに気宇壮大・意気軒昂たるコミュニケーション観であり，揺るぎないコミュニケーション信仰の吐露であるといわざるをえない。

　このコミュニケーション観の対極にあるのが大衆操作メディア観であった。この見解によれば，「マス・メディアは民主社会そのものを根底から破壊しようともくろむ悪魔の手先となって躍り出た」という。「最初に新聞，後にラジオが無防備な読者や聴取者の心にいろいろな考えを判で押すように植えつけられる強力な武器として恐れられた。1920年代には，新聞とその宣伝が『アメリカを戦争に引きずりこんだ』と多くの人びとが考えたし，1930年代にはラジオによる『黄金の声』が人びとをどんな方向にも誘導できることを，ルーズヴェルトのキャンペーンが『証拠』として示したと多くの人びとは信じたのである」。ナチスの大衆宣伝の驚異的成功がこのメディア観の流布に拍車を掛けたことはいうまでもない。また，スペクタクル風の歴史的ビネットで飾り立てたことが，このメディア観にもっともらしいリアリティとあなどりがたい神話性を与え，ひとしおの跳梁を助長したように思われる。

　大衆操作メディア観は宣伝研究に強い影響を与えただけでなく，コミュニケーション研究もこの大衆操作メディア観の影を背負ってスタートしたけれども，コミュニケーション研究はクーリー的コミュニケーション観の伝統に依拠しつつ，そのメディア観と訣別することで学問的発展への確かな基礎を固めたのである。

　クーリー的な民主的合意モデルのコミュニケーション観はいうまでもなく啓蒙主義パラダイムであって，コミュニケーションとは共通の普遍的な言語ゲームに基づいて社会的合意の形成をはかることであるという考え方にほかならない。

　この啓蒙主義的な「同一性の原理」に基づくコミュニケーション観の対極に，

異質の言語ゲーム間の矛盾・対立・差異を相互に認識し了解しあうことを前提とするリオタール的コミュニケーション観がある。今村仁司のすぐれた解説によれば、「現代の知の在り方は、主要には権力の道具になる傾向が大であるが、しかし同時に差異化への感覚、通約不可能に耐える能力をもひそかに生みだしている。われわれは、エキスパートの同質性と同型性のなかに現代の知の在り方をみるのではなくて（それはハーバマスの道）、ゲームに参加する当事者たちの『パラロジー』、同型化・同質化しえない見解の保持、異議提出のなかにこそ、新しい知の展望と社会的きずなの在り方を求めなくてはならない。これがリオタールの結論である」。社会的合意モデルを、こうしたリオタール的コミュニケーション観に対置することでその本質と問題点を考究しなければならぬであろう。

この点で注目されるのは、アメリカの経験学派の有力なコミュニケーション研究者であるE.M.ロジャーズが批判学派のコミュニケーション観に着目し、「コミュニケーションは調和をもたらすだけでなく、葛藤状況をも生みだすものとして概念化しうること」を理解するよう経験学派に訴えていることである。機能主義的合意モデルの基盤が揺らぎ始めつつあることを示す徴候といってよいかもしれない。

第❸節　見失われた倫理的次元

初期コミュニケーション研究について若干の問題点に論及してきたが、初期コミュニケーション研究を総体的にどう評価したらよいのかに触れて結びとしたい。

批判学派の旗頭であるH.I.シラーはアメリカの実証的コミュニケーション研究を辛辣に批判し、つぎのように述べている。「おおまかにいって、アメリカのコミュニケーション研究はドンキホーテ的である。研究者たちは重要でない事柄の研究に情熱を注ぐけれども、真に重要な事柄を無視している」。かれ

第7章 コミュニケーション研究の源流と起点　159

の純粋かつ真摯な問題意識を疑うものではないけれども，このように割り切っては身も蓋もなくなるだろう。

　初期コミュニケーション研究が社会科学としてのコミュニケーション研究の基盤を固めたことで，コミュニケーション研究は発展的軌道に乗り，コミュニケーション研究史上のいくつかの里程標を築く実りある成果を累積的にもたらした。したがって，アメリカを起点としたコミュニケーション研究なくして今日のコミュニケーション研究の隆盛はありえないといって差し支えない。

　しばしば指摘されるように，初期コミュニケーション研究が総体としてメディア・広告業界の利便や政府の意向に応えるアドミニストラティブな性格をもち，その結果アカデミックな研究に不可欠な「批判の切っ先」(critical edge) が少なからず鈍ったことは否定できないとしても，他面において改良主義的動機をそこはかとなく宿していたことをむげに無視してはならないだろう。K. ラングが指摘したように，アメリカのコミュニケーション研究の底流にある改良主義的動機は1929年から1932年にかけての映画研究[36]，1930年代初期の宣伝研究，そして1930年代後半から1940年代のコロンビア大学応用社会調査研究所のラジオ研究に脈々と流れていたといってよい[37]。たとえば，映画研究は「映画が青少年の非行や暴力行為を助長したかどうか」を実証的に究明しようとしたし，1937年にコロンビア大学に創設された宣伝分析研究所の目的は，人びとが「ネーム・コーリング」（攻撃対象への罵詈雑言），「バンドワゴン」（大衆的熱気の盛り上げ）などといった政治宣伝の具体的手口を学ぶことで，宣伝への批判能力の育成に寄与することであったし，ラジオ研究も「教育と文化の普及に資するメディアとしてのラジオの可能性が十分に実現されているかどうか」にも関心を払っていたのである。

　もっとも，こうした改良主義的動機がどう結実したかどうかの現実に目を向けると，両者の隔たりや食い違いが否応なしに露呈せざるをえなかったことも否定できない。P.F. ラザースフェルドが後年，応用社会調査研究所を去り，コミュニケーション研究から手を引くことになる一因であったかもしれない。

にもかかわらず，初期コミュニケーション研究者たちの初心を多かれ少なかれ貫いていた民主社会におけるマス・メディアのよりよき在り方を希求した改良主義的動機をシニカルに片づけてはならないであろう。

ここでラザースフェルドが1948年に，つぎのように述べていたことを想起しておきたい。「アカデミックな研究者である私たちはいつも危い綱渡りのような感覚をもっている。業界の協力者がいつなんどきとても受けいれがたい結論だと言い張って，必要不可欠な研究資金と資料のみなもとを断ち，私たちを閉めだすかもしれないからである」[38]。アドミニストラティブな研究にたいしてつねに緊張感をもって対峙すること，そしてアドミニストラティブな研究のなかにいかにしてクリティカルな研究意図を巧妙に忍び込ませるかに，ラザースフェルドがどんなに腐心し苦闘していたかを思い知らなければならない。

また，初期コミュニケーション研究のもうひとりの旗手であったH.D.ラスウェルが政策科学の提唱をしたさい，科学と政策との統合を素朴に主張したのではなく，科学と政策とモラルとの統合という崇高な理念を深く自覚していたことを忘れてはなるまい。価値自由を無邪気に信奉する社会科学者への苦言であったといってよい。かれはこう述べている。「科学と政策をともなわないモラルは無力である。だが，モラルなき科学と政策は人類を破滅に追いやるであろう」[39]。

コミュニケーション研究の先駆者たちが抱懐したこのような忠告や警告を，今日のコミュニケーション研究者はアカデミック・モラルハザードに陥らないために，先学からの誇るべき尊い遺産として継承し実践していかなけばならない。

(岡田　直之)

注
1) Dennis, E. E., and Wartella, E. (eds.), *American Communication Research: The Remembered History*, Lawrence Erlbaum, 1996.
2) この点をめぐって，M.L.デフレーとO.N.ラーセンはつぎのように述べている。

「社会諸科学の研究者集団のなかでマス・コミュニケーション研究者くらい，外部資金による研究の含意に敏感に気づいているものは多分他にいないだろう。マス・コミュニケーション過程の作用と効果に関する蓄積された社会科学の主要な研究成果は研究費の負担を進んで引き受けた資金提供者たちの提示した『実用的な』諸問題に応えることで達成されてきた」。Defleur, M.L., and Larsen, O.N., *The Flow of Information: An Experiment in Mass Communication*, Harper & Brothers, 1958, p.xii.
3) Katz, E., *Social Research on Broadcasting: Proposals for Further Development* [A Report to the British Broadcasting Corporation] BBC, 1977, p.22.
4) Tunstall, J., *The Media Are American*, Constable, 1977; McQuail, D., "Mass Communications Research," in E. Barnouw et al. (eds.) *International Encyclopedia of Communications*, vol.2, Oxford University Press, 1989, p.488. を参照せよ。
5) Merton, R.K., *Social Theory and Social Structure*, revised and enlarged edition, Free Press, 1957, p.439.（森東吾ほか訳『社会理論と社会構造』みすず書房　1961年　400ページ）
6) Lang, K., "The European Roots," in E.E. Dennis and E. Wartella (eds.), *op. cit.*, p.1.
7) Lang, K., "Communications Research: Origins and Development" in E. Barnouw et al.(eds.), *op. cit.*, vol.1, p.374.
　　このラングの見解がラザースフェルドの所見に依拠していることは明らかであろう。ラザースフェルドはこう述べている。「現在アメリカに起源をもつと考えられている研究技術の多くは50年前もしくは100年前にヨーロッパで開拓され，その後にさらに洗練され大規模に利用できるように改良されてアメリカ合衆国から再輸出されたのである」。Lazarsfeld, P.F., "Preface," in A. Oberschall, *Empirical Social Research in Germany 1848-1914*, Mouton, 1965, p.v.
8) Rogers, E.M., *A History of Communication Study: A Biographical Approach*, with a New Introduction, Free Press, 1997 (1994), pp.33-125.
9) 田中義久『コミュニケーション理論史研究－コミュニオンからコミュニケーションへ－』（上）勁草書房　2000年　iページ。また，吉見俊哉「東京帝大新聞研究室と初期新聞学的知の形成をめぐって」『東京大学社会情報研究所紀要』No.58 1999年　45～69ページを参照されたい。
10) Gerbner, G., and Schramm, W., "Study of Communications," in E. Barnouw et al.(eds.), *op. cit.*, vol.1, p.362.
　　ドイツにおける新聞学の起源については，研究者によって多様な見方があるだろう。佐藤卓己によれば，「ドイツの大学における学問としての新聞学は，1897年ハイデルベルク大学『哲学部』での歴史家アドルフ・コッホのジャーナリズム演習開始を嚆矢とする」という。佐藤卓己「第三帝国におけるメディア学の革新－ハ

ンス・A・ミュンスターの場合-」『思想』第833号（1993年11月号）岩波書店　175ページ。
11)　内川芳美「新聞学」福武直ほか編『社会学辞典』有斐閣　1958年　481ページ。佐藤卓己は，こうした第三帝国期におけるドイツ新聞学のイデオロギー的総括にたいして疑義を差しはさんでいる。かれの問題意識は当時のドイツ新聞学をイデオロギー的に一刀両断に切り捨てたり，一方的全面的に告発したりするのでなく，その後のドイツ新聞学を方向づけ，コミュニケーション学（Kommunikationswissenschaft）やメディア学（Medienwissenschaft）へと連動する実証研究の側面にもっと注意深く冷徹な眼差しを注がなければならないというところにある。佐藤卓己，前掲論文，172～197ページ。
12)　このような研究動向のなかで，ひときわ注目されるのは，H.ハルトの一連の刺激的な著書であろう。
①Hardt, H., *Social Theories of the Press: Early German and American Perspectives*, with Foreword by J. W. Carey, Sage, 1979.
②――, *Critical Communication Studies: Communication, History and Theory in America*, Routledge, 1992.
③――, *Social Theories of the Press: Constituents of Communication Research 1840s to 1920s*, with Foreword by J. W. Carey, second edition, Rowman & Littlefield, 2001.
K.ラングによれば，ドイツ新聞学のアメリカ合衆国への影響は多大であったという。Lang, K., *op.cit.*(1996), p.5. なお，いわずもがなのことだが，戦前日本の新聞学へのドイツ新聞学の影響は絶大なものであった。
13)　ウェーバーの講演の全文英訳は，Hardt, H., *Ibid.*（1979），pp.174-182.に収録されている。K.ラングがその明快な要約をしているので，主としてラングの論文に依拠した。Lang, K., *op.cit.*(1996), pp.13-14.
14)　この点について，K.ラングはシカゴ学派への影響を認めている。Lang, K., *Ibid.*, pp.14-15.
15)　Park, R.E., "The Natural History of the Newspaper," *American Journal of Sociology* 29(3):273-289, 1923. W.シュラム編，学習院大学社会学研究室訳『新版マス・コミュニケーション－マス・メディアの総合的研究－』東京創元社　1968年　4～21ページに収録されている。
16)　Rogers, E.M.(1977), *op.cit.*, p.196.
17)　Lasswell, H.D., *Propaganda Technique in the World War*, Kegan Paul／Knopf, 1927.
18)　Blumer, H., "Elementary Collective Groupings" in A.M.Lee (ed.), *New Outline of the Principles of Sociology*, second edition, Barnes & Noble, 1946, pp.178-198.
19)　――, *Movies and Conduct*, Macmillan, 1933.
20)　――, and Hauser, P.M., *Movies, Delinquency, and Crime*, Macmillan,

1933.

21) E.M.ロジャーズはシカゴ学派のアメリカの社会科学への貢献について，社会問題の経験的・実証的研究によって，その問題を実践的に解決し，もって社会改善に寄与することにあったと述べたうえで，さらに，つぎのような学問的貢献を列挙している。①象徴的相互作用の理論化，②アメリカの民主社会が都市問題を解決して存続するための方策としてのマスコミの位置づけ，③1920年代末に子どもに及ぼす映画の影響に関する「ペイン基金研究」を行い，後年のコミュニケーション効果研究の原型になったこと，④ジェン・アダムスのような女性学者を社会事業調査の分野に携わせたこと，⑤解釈学派と今日呼ばれているコミュニケーション学者につらなる参与観察や事例研究などの方法論を開発したこと。Rogers, E. M. (1997), *op. cit.*, pp. 199−200.

また，コミュニケーション研究へのシカゴ学派の寄与についての，つぎのような総括的所見にも着目すべきであろう。「2世代にわたる社会学者たちは人種間の混血や階級紛争や社会解体と向きあうなかで，コミュニケーションを社会秩序の原動力とみなす社会理論をおもむろに創出した。マス・メディアそのものはときおりシカゴ学派の主要な焦点になったにすぎないとしても，研究対象がギャングであれ職業ダンサーであれポーランド農民であれ，コミュニケーションはいつも須要な関心事であった」(傍点原文。Katz, E., Peters, J.D., Liebes, T. and Orloff, A. (eds.), *Canonic Texts in Media Research: Are There Any ? Should There Be ? How About These ?*, Polity, 2003, p.104.)。

22) ラジオ研究の主要な成果については，下記の文献を参照されたい。
  ① Cantril, H., and G.W., G. Allport, *The Psychology of Radio*, Harper & Brothers, 1935.
  ② Lazarsfeld, P. F. (ed.), *Radio and the Printed Page: An Introduction to the Study of Radio and Its Role in the Communication of Ideas*, Duell, Sloan and Pearce, 1940.
  ③ ──, and Stanton, F.N. (eds.), *Radio Research 1941*, Duell, Sloan and Pearce, 1941.
  ④ ── (eds.), *Radio Research 1942-1943*, Duell, Sloan and Pearce, 1944.
  ⑤ ──, and Field, H., *The People Look at Radio*, University of North Carolina Press, 1946.
  ⑥ ──, and Kendall, P.L., *Radio Listening in America: The People Look at Radio−Again*, Prentice-Hall, 1948.
  ⑦ ──, and Stanton, F.N. (eds.), *Communications Research 1948-1949*, Harper & Brothers, 1949.

23) クイズ番組研究については，上記②，ソープオペラ番組については④を参照せよ。

24) Cantril, H., with H. Gaudet and H. Herzog, *The Invasion from Mars:*

A Study in the Psychology of Panic, Princeton University Press, 1940. (斎藤耕二・菊池章夫訳『火星からの侵入－パニックの社会心理学－』川島書店 1971年）

25) Merton, R.K., with M.Fiske and A.Curtis, *Mass Persuasion: The Social Psychology of a War Bond Drive*, Harper & Brothers, 1946. (柳井道夫訳『大衆説得－マス・コミュニケイションの社会心理学－』桜楓社 1970年）

26) McQuail, D.(1989), *op. cit.*, p.488.

27) Katz, E. (1977), *op. cit.*, p.22.

28) ヴォイス・オヴ・アメリカ, フォーラム講演コミュニケーション, 波多野完治監修, テレ・コミュニケーション研究会訳『コミュニケーションの心理学』誠信書房　1964年　15ページ。

29) Rogers, E.M.(1997), *op. cit.*, p.446. なお, Schramm, W., *The Beginnings of Communication Study in America: A Personal Memoir*, edited by S. H. Chaffee and E. M. Rogers, Sage, 1997, p.127. も参照されたい。

30) Peters, J.D., "Democracy, and American Mass Communication Theory: Dewey, Lippmann, Lazarsfeld," *Communication* 11(3):199-220, 1989, p.207.

ちなみに, J.W.ケアリーは, リップマンの『世論』について,「アメリカのメディア研究を定礎した著書である」と述べているし(Carey, J.W., *Communication as Culture: Essays on Media and Society*, Unwin Hyman, 1989, p.75.), W.シュラムも,「リップマンの『世論』は今でも現代のコミュニケーション学者が初期の学者たちから継承したもっとも有益な著書のひとつである」と回顧し明言している(Schramm, W., *op. cit.*, p.8.)。

31) Berelson, B. "The State of Communication Research," *Public Opinion Quarterly* 23(1):1-6, 1959.

それに引きかえて, 日本のマスコミ研究は単刀直入にいえばリップマンとともに始まったといってよく, 鮮やかなコントラストをなしている。

32) Katz, E., and Lazarsfeld, P.E., *Personal Influence: The Part Played by People in the Flow of Mass Communications*, Free Press, 1955, pp.15-16. (竹内郁郎訳『パーソナル・インフルエンス－オピニオン・リーダーと人びとの意思決定－』培風館　1965年　3～4, 15～16ページ）

33) 今村仁司『現代思想の基礎理論』講談社学術文庫　1992年　355ページ。

34) Rogers, E.M., "The Empirical and Critical Schools of Communication" in E.M.Rogers and F.Balle (eds.), *The Media Revolution in Americaand in Western Europe*, Ablex, 1985, p.233.

35) Schiller, H.I., "Information for What Kind of Society?" in J.L. Salvaggio (ed.), *Telecommunications: Issues and Choices for Society*, Longman, 1983, p.24.

36) 初期コミュニケーション研究の主要分野として，(1)宣伝研究，(2)映画研究，(3)ラジオ研究がある。これらの3大分野のうち，映画研究はコミュニケーション研究史上の忘れ物であったと思われる。「ペイン基金研究」と呼ばれた膨大な研究プロジェクトは実に多彩な研究方法を試み，示唆的な実証的研究成果をもたらしたにもかかわらず，1940年代以降のコミュニケーション研究がその研究成果を十分に摂取したとはいえず，「宝の山」を「宝の持ち腐れ」と化してしまった観がある。今後，1930年代の映画研究の意義と成果を掘り起こすべきである。参考までに，ペイン基金研究の所産である著書リストを掲げておく。

MOTION PICTURES AND YOUTH
THE PAYNE FUND STUDIES
W. W. CHARTERS, CHAIRMAN

MOTION PICTURES AND YOUTH: A SUMMARY, by W. W. Charters, Director, Bureau of Educational Research, Ohio State University.
Combined with
GETTING IDEAS FROM THE MOVIES, by P. W. Holaday, Director of Research, Indianapolis Public Schools, and George D. Stoddard, Director, Iowa Child Welfare Research Station.

MOTION PICTURES AND THE SOCIAL ATTITUDES OF CHILDREN, by Ruth C. Peterson and L. L. Thurstone, Department of Psychology, University of Chicago.
Combined with
THE SOCIAL CONDUCT AND ATTITUDES OF MOVIE FANS, by Mark A. May and Frank K. Shuttleworth, Institute of Human Relations, Yale University.

THE EMOTIONAL RESPONSES OF CHILDREN TO THE MOTION PICTURE SITUATION, by W. S. Dysinger and Christian A. Ruckmick, Department of Psychology, State University of Iowa.
Combined with
MOTION PICTURES AND STANDARDS OF MORALITY, by Charles C. Peters, Professor of Education, Pennsylvania State College.

CHILDREN'S SLEEP, by Samuel Renshaw, Vernon L. Miller, and Dorothy Marquis, Department of Psychology, Ohio State University.

MOVIES AND CONDUCT, by Herbert Blumer, Department of Sociology, University of Chicago.

THE CONTENT OF MOTION PICTURES, by Edgar Dale, Research Associate, Bureau of Educational Research, Ohio State University.

Combined with
CHILDREN'S ATTENDANCE AT MOTION PICTURES, by Edgar Dale.

MOVIES, DELINQUENCY, AND CRIME, by Herbert Blumer and Philip M. Hauser, Department of Sociology, University of Chicago.

BOYS, MOVIES, AND CITY STREETS, by Paul G. Cressey and Frederick M. Thrasher, New York University.

HOW TO APPRECIATE MOTION PICTURES, by Edgar Dale, Research Associate, Bureau of Educational Research, Ohio State University.

37) Lang, K. (1996), *op.cit.*, p.15.
38) Lazarfeld, P.F., "The Role of Criticism in the Management of Mass Media," *Journalism Quarterly* 25(2):115-126, 1948, p.116.
39) Lasswell, H.D., "The Dictionary of Social Change," typescript, 1941, quoted in J.M. Sproule, *Propaganda and Democracy: The American Experience of Media and Mass Persuasion*, Cambridge University Press, 1997, p.236.

第8章　リップマン対デューイ論争の見取り図と意義

── 第❶節　論争の焦点 ──

　ウォルター・リップマンは1922年に『世論』を著わし，その姉妹編と称すべき『幻の公衆』を1925年に相次いで公刊している。リップマンは当時，アメリカの政府と国民に大きな影響力をもつ鬼才のジャーナリストとして名をはせていたが，「あたかも学者のように思考するジャーナリスト[1]」として学界にたいしても鮮烈な衝撃を及ぼした。知的世界に与えた衝撃の深刻さを如実に示したのが，当時のアメリカの思想界に君臨していた哲学界の大御所ジョン・デューイの素早い反応と批判であった。後世，「リップマン対デューイ論争」（Lippmann-Dewey Debate）と呼ばれるようになる民主主義の在り方と民主社会における世論の意義・役割をめぐる見解の対立にほかならない。

　デューイは『世論』と『幻の公衆』の刊行後，間をおかずに『ニューリパブリック』誌にそれぞれ書評を寄せている[2]。デューイはこの書評を皮切りにリップマンへの反論を多彩に繰り広げ，1926年にオハイオ州のケニョン・カレッジ（Kenyon College）での民主主義の哲学についての一連の講演でアメリカ民主主義の良き伝統を熱烈に弁護した。その講義録を取りまとめたのが1927年刊行の『公衆とその諸問題』であった[3]。かれはその著のなかで，リップマンの著作がいかにかれの思索の呼び水になったかを率直に告白し，リップマンへの知的負債を明白に認めている[4]。デューイはリップマンにむきだしの敵意や悪意を抱いていたわけでなく，敬意を払いつつ当代切っての論客とラディカルに，しかし相互啓発的に対峙したといってよいだろう。

このような経緯に照らし合わせるとき，民主主義の在り方を主軸とするリップマンとデューイとの所論の軋轢や対立を「リップマン対デューイ論争」と称してもあながち不当ではなかろう。しかし，(1)両者が相まみえて直接論争したり，反論や批判の応酬を繰り返したりしたわけではないこと，(2)デューイの批判や反論はリップマンそのひとを槍玉に挙げて啖呵を切るような調子のものでなく，民主的現実主義への告発や批判であったことに着目するなら，「論争」の呼称がはたして適切であるかどうかは見解の分かれるところかもしれない。いうなれば，両者はこよなきスパーリングパートナーであったといえよう。

　もちろん，(1)デューイの『公衆とその諸問題』が直接間接にリップマンの政治哲学・思想への反論・批判であったこと，(2)両者の著書が両大戦間に闊達に繰り広げられた民主主義危機説の導火線となったのみならず，その論争の理論的枠組みや基本テーマを設定し方向づけたことは間違いないであろう。民主主義理論や民主主義と世論とのかかわりに関する探究と考察への知的資源として今日においても学ぶべき事柄が多々あると思われるので，個々の研究者の問題関心に引き寄せて多角的な見地からリップマンとデューイとを対比的に検討し考察することは有意義であろう。

　J.D.ピーターズはリップマンとデューイとの交差する主要な論点として，(1)民主主義における対話の枢要性，(2)市民であることの条件としての「痛み」の必要性，(3)政治における合理性の相対的優越性，(4)表象様式としての現実主義の命運，(5)20世紀における民主主義の正統性危機，を挙げている。ここでは私の問題関心に引き寄せて，(1)コミュニケーション観の落差，(2)公衆論争，(3)世論論争，(4)民主主義論争という4つの問題群ないしプリズムを通して，リップマン対デューイ論争に改めて照明をあて論点のポイントを浮き彫りにしてみたい。指摘するまでもなく，これらの問題群ないし主要論点は相互に入り組み重層しており，かならずしも截然と仕分けできるわけではなく，したがって記述や説明の重複も避けがたいけれども，フットライトの当て方の相違から浮かび上がる問題局面の異なる位相を明るみにだすうえで一定の意義を有するといっ

てよかろう。

── 第 ❷ 節　コミュニケーション観の落差 ──

　人間社会あるいは人間諸関係のネットワークを成立・維持・発展させる根源的条件がコミュニケーションであることは改めて指摘するまでもない。この基礎的認識をめぐって、リップマンとデューイとに見解の相違があるはずはなかろう。また、他の顕在的論争点と異なって、コミュニケーション観ないしコミュニケーション問題をめぐって、両者の考え方がかならずしも「論争」というかたちで明示的に提起されたわけではない。いってみれば、水面下の隠れた論点であった。デューイにとってコミュニケーションの観念は自然・人間・コミュニティ・文化・民主主義を連結する結び目であったけれども、リップマンの場合、このようなコミュニケーション哲学的な記述は見当たらない。だが、実は、この潜在的論点こそ、他の論争点の基底に潜み流れている通奏低音であることを見逃してはならない。

　リップマンのコミュニケーション観はふたつの基本的観念に支えられていると思われる。ひとつは機械論的モデルであり、もうひとつはステレオタイプの鍵概念である。コミュニケーションの基本型は送り手から受け手への情報・メッセージの線形的伝達であって、そのコミュニケーション過程に介入する雑音はすべからく排除あるいは減少されなければならない。この機械論的モデルは近代合理主義・技術主義の所産であるとともに、モダニティとしての宣伝観念の母胎でもあったことに留意すべきであろう。

　『世論』の著書の核心となっているステレオタイプの概念については多くを語る必要はないだろう。人びとは外的世界のなかで生き、外的世界をありのままに見ていると思っている。しかし、実際には、かの有名な洞窟の比喩のように、かれらは外界を直接見て理解し制御することが不可能な「疑似環境」(pseudo-environment) と名づけられた虚構の世界に生きているのである。そ

して，疑似環境への適応をつかさどるのがステレオタイプにほかならない。

周知のように，ステレオタイプとは慣習的固定観念であり，理性や知性の対立物であり，感情のしがらみに呪縛され，ほとんど偏見や先入観の同義語として用いられている。「われわれは世界を見る前に世界について知らされる。事物を経験する前に多くの事柄を想像する。そして，教育が鋭敏に気づかせてくれなければ，こうした先入観が知覚の全過程を深く支配する」。こうして，しばしば引用される珠玉の命題が編み出される。「多くの場合，われわれは最初に見てから定義するのではなく，最初に定義づけてから見るのである」。

もっとも他方では，「ステレオタイプは伝統の砦であり，ステレオタイプを盾に自分の立場が守られる」と感ずるし，また「あらゆるステレオタイプを捨て去って，全面的に経験に頼る方法は人間生活を貧困にするだろう」と，ステレオタイプの実際的有用性にも言及しているけれども，ステレオタイプが現実世界の単純化されたコードであるために適切な情報に裏づけられた合理的な政治的認識・判断への障害になると考えていたことは言をまたないだろう。

さらに重要なのは，疑似環境やステレオタイプにかかわる認識論的枠組みがかれの最大のテーマである民主主義理論批判ならびに病める民主主義への処方箋の提唱と連動する理論的伏線となっていることである。すなわち，伝統的な民主主義理論は「人びとの頭脳のなかの映像が外的世界と自動的に合致しないことから生起する問題に真剣に直面しなかった」と述べ，こう直言するに到るからである。「このことが民衆政治の主要な欠陥であり，その伝統の内在的欠点であり，その他すべての欠陥はここに原因があると私は考える」。

この直言は単に疑似環境・ステレオタイプ・民衆政治への批判に終始するのでなく，民主主義の危機を乗り越えるための社会科学的処方箋をも示唆している。疑似環境・ステレオタイプと現実環境との落差・乖離を可能なかぎり縮少できる知の機構を新たに構築することが現代民主主義の喫緊の課題であり，その課題に応えられるのは社会科学者や専門家をおいて他にいないという実践的提言に行き着くからである。

一方，デューイのコミュニケーション観はリップマンのこのような閉ざされたコミュニケーション観と好対照をなし，開かれた限りなく豊かな可能性をはらむ生き生きとした価値創出的な相互行為として描出されている。コミュニケーションは自己アイデンティティの確立を助長するとともに，他者理解に寄与し，経験・意味の共有化を通して社会的連帯をうながすのである。

デューイのコミュニケーション観の特徴をまとめるなら，第一に，コミュニケーションを全人的な，つまりスピリチュアリティ・身体・精神の全体的かつ有機的な交流・交感として概念化していることである。

第二に，デューイにとって，コミュニケーションとはなによりも他者との豊かな交流・対話を媒介にして自己を再組織し成長させるダイナミズムとして特徴づけられている。

第三に，個人の可能性を開花し社会を進歩させる潜勢力をはらむコミュニケーションの原型は対話と参加に基礎づけられた対面的コミュニケーションであると考えられている。

第四に，コミュニケーションを触発し促進する変数は習慣である。習慣は幾世代にもわたって継承的に積み重ねられてきた集団的共同経験のレパートリーであり，一面において人びとの感情・思考・行動を制縛するが，反面において社会的行為の経済性を担保することによって新たな目的や事態への対応をあれこれ思案させるゆとりを生みだすことができる，とデューイは説明している。

第五に，コミュニケーションへの人びとの能動的参加の意義は単に情報・知識のギブ・アンド・テークや観念の伝達にとどまるのではなく，かれらの多様な社会的経験に照らして情報・知識を独自に解釈し，新たな意味づけと価値創出を試みることにある。

第六に，コミュニケーションは人びとを社会の共同生活に参画させて意味世界の共有化をはかり，共通利益の追求と実現をめざす連帯的実践活動を始動させ，民主主義を助長する政治教育的機能をはたす，と考えられている。「コミュニティ生活の明確な意識があらゆる意味合いにおいて民主主義思想を構成す

表 8-1 コミュニケーション観の対照表

		リップマン	デューイ
I	基本概念	情報・知識伝達の機械論的モデル	重層的相互行為モデル
II	特徴	1)操作的・統制的合理性 2)専門知識の優越性	1)自然・身体・精神の三幅対 2)自他了解の道具主義的方法 3)全人的な交流・アイデンティティの確立・エンパワーメント 4)共同経験による言説的実践 5)対面的応答的対話・討論
III	基礎的媒介変数	欲望・情動・ステレオタイプ	習慣・インテリジェンス・共有経験
IV	社会的機能	1)宣伝・大衆操作 2)情動的一体化の醸成 3)社会的コンセンサスの形成	1)コミュニティ意識の共有化と共同行為の動機づけ 2)共同行為の諸結果の共通了解 3)公共的コミュニケーション空間の形成と共同利益の実現

る[14]」のである。

　第七に，このようにして，コミュニケーションは自我とコミュニティと民主主義との連結器にほかならない。

　デューイのコミュニケーション観の本質や特徴をこのように総括できるとすれば，コミュニケーションは人間と社会と文化の創造的源泉であり，まさに「太初にコミュニケーションありき」ということになるだろう。「コミュニケーションのみがグレート・コミュニティを創造できる。現代のバベルは口舌のバベルではなく，記号と象徴のバベルである。記号と象徴がなければ経験の共有は不可能である[15]」と，かれが第4章「公衆の衰退」の掉尾をかざるとき，その意味はまことに深遠である。ここに，デューイの凝縮されたコミュニケーション観が直截に表現されているからである。

── 第❸節　公衆論争 ──────────────────

　民主社会における世論の役割について論じる場合，「公衆」をどう概念化するかが基本的主題になることは指摘するまでもない。これこそ，リップマン対

第8章　リップマン対デューイ論争の見取り図と意義　173

デューイ論争の核心的テーマであり，両者の見解は鋭く対立した。

　リップマンはその著『幻の公衆』の表題が示すように，世論の主体と考えられた「公衆」は実在する集合体ではなく，幻の存在でしかないと主張し，伝統的民主主義理論の核心であった公衆観念にきっぱりと引導を渡したのである。

　かれは『幻の公衆』を，こう書き出している。「私的個人は今日，台詞が聞きとりにくい桟敷の見物客に似ていると感じるようになった。舞台のミステリーに目を凝らさなければいけないのだが，どうしても目を覚ましていることができない」[16]。しばしば引用されるリップマンの公衆観念を象徴的に表す文章はつぎのようなものである。「公衆は第三幕の中盤に登場し，終幕の前に立ち去ってしまう。劇中のだれが英雄で，だれが悪漢であるかが判明するまで舞台にとどまっているにすぎない。だが通例，その判断はいきおい本質的価値とは無関係であって，随意に選ばれた行動や状況の断片やきわめて粗雑な外形的証拠に基づいて行われざるをえないだろう」[17]。

　リップマンの公衆批判は『幻の公衆』の全編にわたって多様な文脈のなかで変幻自在に繰り返されていくのだが，その基調は直喩や隠喩にみち，ジャーナリスチックな言説としての色彩が濃いといってよい。もちろん，ジャーナリスチックな言説を無用であるとか，価値の低いものだとにべもなく一蹴してしまう浅はかな了見をもってはならぬだろう。「公衆の好奇心は非専門的で，断続的であるし，その分別は粗雑な識別にすぎないし，なかなか覚醒されないままにすぐに移り変わってしまう。その行動基準はどちらの側に肩入れするかであるので，公衆は考察の対象をすべて個人化し，諸事象がもめごととしてメロドラマ化されたときにだけ興味関心を抱くのである」[18]。ここには，公衆の実態をリアルな目で容赦なく活写するジャーナリストとしてのリップマンの眼力がまことにすさまじいまでに冴えわたっている。だが，ジャーナリズムとアカデミズムとにまたがる理論的関心に裏打ちされていた『世論』に比べると，センセーショナルなジャーナリズム論に傾斜した色彩を帯びていることは否定できまい。

　こうして，公衆の政治的役割と政治参加はきわめて限定されざるをえない。

第一に，公衆は政治ドラマの端役にすぎず，決して主役を演じるのではない。第二に，多くの公衆は政治ドラマの観客としてもっぱら情動的に関与することで満足している。言い換えるなら，公衆は意見を主体的に表明するよりも，政治エリートや専門的実務家の提案にたいして賛否や好悪を述べることで事足りるのである。

第三に，公衆は政治ドラマの進展にみだりに口出しせずに，的確妥当な政治的意思決定をくだすことのできるインサイダーに委ねたほうがむしろ社会的に望ましい結果が得られるだろう。「無知でお節介なアウトサイダー」である公衆の政治的関与は最少限に局限されなければならない。「アウトサイダーは必然的に無知であり，通常不適切であり，しばしば不要なお節介をする。陸地で船を操舵しようと努めているに等しいからである」[19]。

『幻の公衆』という書名はいかにもリップマン好みの偶像破壊的レトリックといわざるをえないが，かれは古典的公衆の没落や衰退を厳しく直視し，その虚構性を赤裸々に暴き立てながらも，公衆の理念の全否定が民主主義そのものの否定に帰結しかねないことの際どさや危うさに気づいていなかったわけではない。かれはその著『公共の哲学』の執筆動機の説明で，つぎのように述べている。「本論に先立って，私は自由民主主義者であって，わが同胞市民の諸権利を剥奪しようと思っているわけではないことを明言しておかねばなるまい。自由と民主主義とが一方が他方を破壊しないように両立して存続できることを，私は希望しているのである」[20]。この真情吐露を修辞的釈明にすぎないと受け流し，かれの知的真摯さを葬り去るなら，それはあまりにも過酷すぎるのではないかと思われる。『世論』の訳者である掛川トミ子が訳書解説で述べているつぎのようなリップマン評価は一概に失当な所見とはいえないだろう。「『理性に訴える』と題する最終章で本書が結ばれているのは，感動的でさえある。そこにはアメリカ民主主義の最良の伝統を受け継ぎ，守り育てようとするヒューマニズムの精神とは何かが明らかにされているからである」[21]。

自由と民主主義との葛藤と両立という永遠のジレンマに立ち向かうリップマ

ンの処方箋は，一般公衆の政治参加を手続き上の関心事に局限するということであった。「世論が継続的に作用できる一般原則は本来的に手続き原則（principles of procedure）である」[22]。したがって，「公衆に残された役割は，論争にかかわる行為者が確立された行動規準を遵守しているか，それとも恣意的な欲望に屈従しているかどうかの判断である。この判断はインサイダーの外面的行動を垣間見て行われざるをえない」[23]のであって，「事態が好ましい方向に進んでいれば現政権（Ins）を支持し，事態が悪い方向に向うようであれば野党（Outs）を支持することが（中略）民衆政治の本質である」[24]という民主的現実主義の立場につながっていく。

いずれにせよ，リップマンが大衆的公衆の政治能力に首尾一貫して懐疑的・否定的であったことはまぎれもない事実である。「大衆の意見が政府を支配すると，権力の本来の機能が病理的に錯乱してしまう。権力の錯乱は統治能力の衰弱をもたらし，統治能力が現に麻痺しかけている」[25]。かれの大衆的公衆への不信と蔑視は年を取るにつれてますます頑迷になったと思われる。

このリップマンの見解と対照的に，デューイは公衆の概念を社会的・政治的な契機に基礎づけ，私的なるものと公的なるものとの弁別を吟味しつつも，なおかつ両者の対立背反を架橋し融合させることをめざして，社会生活の共通利害にかかわる諸問題に積極的能動的に関与しコントロールする共同行為が公衆の要諦であると考えた。かれは，「公衆は神話か」と反語的に問い[26]，「『公衆とはなにか』という問いには，多くの答えがある」[27]と述べている。だが，不幸なことに，その答えは多くの場合，「公衆はコミュニティの総体である」とか，「総体としてのコミュニティは自明の，説明の要らぬ現象であると想定されている」といったように同語反復で，概念の空転にすぎない。しかし，「総体としてのコミュニティは単に人びとをさまざまの方法で結び合わせる多種多様な結締組織であるだけでなく，統合原理によってすべての要素を組織するものにほかならない。われわれが探究するのは，まさにこの点である」[28]（傍点原文）と明言する。

こうして，かれは公衆を，つぎのように説明する。(1)公衆はトランスアクション（相互行為）の間接的諸結果の影響を受けるすべての人びとから成り立っている，[29] (2)公衆は大量に多数存在する。言葉を換えていえば，公衆は拡大分散し，その構成はきわめて複雑である，[30] (3)共同の相互行為がもたらす間接的かつ広範囲な，そして永続的で重大な諸結果が，これらの結果を統制することに共通の利害をもつ公衆を成立させる，[31] (4)公衆はそれ自体未組織で未定形である。[32] こうした一連の多面的多角的な記述をとおして，われわれはデューイの公衆概念のエッセンスをつかみとることができる。鶴見俊輔が述べたように，この公衆観は「第一次大戦後のヨーロッパ人のような危機感を伴奏としない」[33]ところに顕著な特徴がある。

重複をいとわず，デューイの公衆概念の骨子や要点をまとめるなら，つぎのようになるだろう。

(1) 公衆は「根深い争点」[34] (deep issues) が存在するか，存在するように思われるときに生まれる。そして，このような深刻な争点への共通認識が公衆のあいだに愛着を生み育て，安定した社会的共同性を維持する母胎となる。

(2) 公衆は恒常的・固定的に存在する集合体ないし組織体ではなく，直面する具体的・個別的な問題や状況のもとで他者との共同行為によって成立し自己成長していく創発的ダイナミズムを内包している。

(3) 諸個人は公衆の一員となることによって思考と行動を触発させ，社会的アイデンティティを確立することができる。

(4) 各人は複数の公衆のメンバーになりうる。

(5) 公衆の形成は主観性と実践性のモメントを包摂する。すなわち，事象の諸結果が認識され，その結果を統制するための努力がなんらかの程度において行われなければならない。

(6) もっとも重要な公衆問題とは，いかにして討論・論争・説得の方法と条件を改良するかである。

(7) 公衆は公共の利益のために活動する公職者（officers）を介して組織される。
(8) 公衆は公共の利益を表明するだけにとどまらず，世論の主体であり形成者である。
(9) 共通の利益は異なる公衆間の自由かつ平等で開かれた相互作用の所産として達成される。
(10) 公衆の再活性化のためには，ラディカルな教育改革が必要である。
(11) グレート・ソサエティ（巨大社会）がグレート・コミュニティ（巨大共同体）に転換するまで，公衆の衰退は続くであろう。
(12) 以上の諸点を総括すれば，社会的共同性という普遍的・日常的な生活事実を基点として，コミュニティにおける対話と討論によって公共の利益を編み出すことが公衆の存在理由であることを，デューイは端然と主張したといえるだろう。

デューイの公衆概念で一見理解しにくいのは，「公衆は政治的国家（a political state）である[35]」という，いささか唐突の感をまぬがれない見解であると思われる。世論の本質が国家権力や政府の行為を監視し抑制することにあるという伝統的民主主義理論からすると，奇異な感じを禁じえないといってよい。

だが，かれの「国家」の概念はカントやヘーゲルの観念論的国家観と根本的に異なることに留意しなければならない。「『国家』の言葉を発した瞬間，あまたの知的妖怪が現れてわれわれの視野を曇らせてしまう[36]」と書き記しているように，デューイは国家の概念を細心の注意を払って用いるとともに，他方，国家が「権力と地位への私的欲望を覆い隠す仮面[37]」であるとか，「国家は殲滅されるべき怪物か，畏怖されるべきリヴァイアサンのいずれかである[38]」といった硬直した国家観を拒否する。「われわれの定義はいかなる内在的本質や構造的本質に基づくものでなく，機能の実態に基づいている[39]」と総括されている。

かれはまた，公衆と国家・政府との関係についてこう述べている。「公職者の代表を介して組織され機能する公衆が国家である。政府なくして国家は存立

しないが，公衆なくして国家や政府はやはり存立しえないのである」[40]。したがって，国家・政府はあくまでも公衆の道具にほかならない。このようにして，デューイの公衆概念は独自の色合いを帯びることになる。かれの論理は要するに，公衆はなんらかの公職者によって組織されて実効力をもつようになるのだから，政治的組織の性格をもたざるをえず，「なにかしら政府のようなもの」(something which may be government)[41]になるということである。公衆の政治性を重視し，人民主権の原理に徹しようとするデューイの強い意思の表現であると理解すべきであろう。

どんな外的・内的諸条件が整えば「民主的公衆」(democratic public)を誕生させることができるかが公衆をめぐるデューイの最大の関心事であった。かれは，こう問い掛ける。「公衆が字義どおり本来あるべき場所にいないなら，どうすれば公衆を組織できるのか」[42]。

「機械時代」(Machine Age)を象徴するテクノロジーの飛躍的発展を起動因とする工業化と都市化と交通・コミュニケーション手段の革新は人間結合に根本的変化をもたらした。「現代生活における人間関係の新時代を特徴づけているのは，遠隔の市場向けの大量生産であり，電信と電話であり，安価な出版であり，鉄道と蒸気船である。(中略)精神的・道徳的信念と理念は外的諸条件よりもゆるやかに変化する」[43]。このギャップが社会変動の諸結果を統制するために自己組織化し有効な政治行動を起こす新しい公衆の創出への障害となっている。別言すれば，「『人間結合の新時代』はそれにふさわしい政治機構をもっていない。民主的公衆はおおむね今なお生まれたままで組織されていない」[44]。

デューイはさらに，つぎのように議論を繰り広げる。「現存の生まれたばかりの公衆が民主的に機能するための諸条件を探究するさい，一般的な社会的意味での民主主義の観念の本質に関する説明から始めるのがよいかもしれない。個人の観点からいえば，能力に応じて所属集団の諸活動を形成し指図することを責任をもって分担し，必要に応じて集団の維持する諸価値に関与することである。集団の観点に立つなら，集団の成員の潜在的可能性を共通利益と共通善

に調和するように解放することが要求される」。こうした条件のもとで,「ユートピアでない民主主義の観念」が実現する,とデューイは主張する。

かれは公衆の政治組織の4つの特性を,つぎのように詳述している。

(1) 公衆の政治組織は時間的にも地域的にも多様である。同一の公衆がふたつの時代・場所に存在するわけではない。諸条件が共同行為の諸結果と,その結果の認識とを異なったものにするからである。さらに付け加えるなら,公衆が政府をみずからの利益に奉仕させる手段の決定も多様である。

(2) 公衆は集合行動のもたらす諸結果の量的広がりに依存する。たとえば,私企業は拡大発展するにつれて公共の利益と密接なかかわりをもつようになるし,反対に,宗教は世俗化されるにつれて公的領域から私的領域へと移行する。諸結果の範囲が拡大すれば,それだけ国家の規制が必要となるのである。

(3) 国家の関与形態は比較的よく制度化・標準化されている。このことに関連して,(a)国家が否定的結果をもたらす闘争や要らざる紛争の消耗から,どのくらい諸個人を解放し,個人の自律行為を積極的に保障し強化するかどうかが国家善の尺度であること,(b)新しい思想の創造や発見は典型的には私的な企てであることが指摘されている。

(4) コミュニティの各成員は共同行為の諸結果を平等に享受すべきである。平等とは,身体的精神的不平等にかかわらず,各人の個別的欲求・利益が差別なく尊重され,他の人びとの優越した利益の犠牲にならないということである。

リップマンもデューイもG.ウォーラスの影響を受けている。ふたりともウォーラスのグレート・ソサエティの用語を用い,コミュニケーション革命のもたらした社会の構造変動と社会心理への影響を考察した。リップマンへの影響は決定的かつ根底的であったが,デューイへの影響は主としてグレート・ソサエティの記述レベルにとどまっている。デューイは『公衆とその諸問題』の第4章「公衆の衰退」を,「民主主義についての楽観論は今日かげりをみせている」と

表 8-2 公衆観の対照表

		リップマン	デューイ
I	人間性の次元	「パンとサーカス」への原始的衝動	共同行為への基本的欲求
II	社会構造の次元	1)非人格的・機械的な社会関係 2)原子化・私化	多様な社会諸関係の結合から成り立つ共同関係体
III	存在次元	唯名論-幻の妖怪-	実在論-拡散しつつも，共通の利害関心で結ばれた知的集合体-
IV	成立の契機	外発的	内発的
V	政治的意思決定の次元	形式的・手続き的参加	実質的参加

注）リップマンもデューイも「公衆」の用語を散漫に用いている節があることは否めないであろう。定冠詞・不定冠詞や大文字・小文字や単数形・複数形を文脈によって使い分け，さらに「大衆」の用語がときに公衆と混用されたりしているので，公衆概念にきしみや曖昧さをもたらしている。ここでは，それぞれの標準的な公衆概念を提示している。

書き始めているが，その文章に続けて民主主義への「非難や批判は日常茶飯事だが，そのすねたがむしゃらな調子から分かるように多くの場合感情に根ざしている。その多くはかつての賛美論が陥ったと同じ轍を踏んでいる」と書いている。両者はグレート・ソサエティあるいは大衆社会の事実認識を共有していたけれども，リップマンはその事実認識に基づき大衆民主主義への懐疑と不信を過激に吐露し，それに代わるエリート主義的民主政治を唱道したのにたいして，デューイはアメリカの民主政体がローカル・コミュニティから発展したことを重視し，科学的知識とコミュニティにおける共同経験・共通利害との有機的連関のもとに現代民主主義の疾患を処置し，民主主義を蘇生させることを構想したのである。

第❹節 世論論争

奇異に感じられるかもしれないが，世論とはなにかについて，デューイはほとんど直接的に言及していないので，リップマンとデューイの世論観を噛み合わせ図式的に対比して提示するのに，他の論点の場合よりも困難がつきまとうことをまず指摘しておかねばならない。

リップマンは世論の存在理由を全面的に否定したわけではないにせよ，いいようのない灰色の暗澹たる世論観を描破している。かれはまず，つぎのように述べる。「私は世論が神の声であるとか，社会の声であるとか思ったことはなく，世論は出来事に興味を抱く観客の声であると考えてきた。それだから，観客の意見は政治的主体の意見と本質的に異なるはずで，その可能な行動もまた本質的に異なっていたと思う。公衆は諸論争において行政担当者とは質的に異なる独自の機能をはたしたし，独自の方法をもたなければならないと，私には思われる。（中略）世論に汎神論的権能を賦与する考え方よりも，この社会観のほうがより真実であり，一層実効的であると思われる」[49]。

かれはさらに，こう断言してはばからない。「世論が直接統治しようとすると，失敗するか専制になるかのいずれかである。（中略）民主主義理論は政府の機能を人民の意思と見なしたため，この真理を認識しなかった。世論による直接統治という説は虚構である」[50]。ここに，リップマンの世論観が凝縮されてあますところなく語られているといってよい。

世論が信用できず頼りにならないとすれば，どのようにして民主政治を運営していけばよいのか。この点について，リップマンの考えはきわめて単純明快である。すなわち，専門家の主導のもとに政治エリートと協調して上意下達の合意形成を計るということにほかならない。ここでの留意点は，(1)専門家の理念型として不偏不党の立場にある独立不羈の社会科学者が考えられていること[51]，(2)健全な世論形成の鍵が「組織的な知性」（organized intelligence）の創造あるいは「すぐれたデータベース機構」（a good machinery of record）[52]の完備に求められていることであろう。

デューイは世論の定義として，「世論とは公衆を構成する人びとによって形成され抱かれている公共的な事柄に関する判断である」[53]という，一見凡庸な説明をしているけれども，単に字面の皮相的な理解に終始せずに，かれの公衆に関する広範で奥深い論究に関連づけて解読しなければならぬだろう。

世論についての数少ない直接的記述で注目されるのは，(1)「有効で組織的な

研究」を世論形成の前提にしていること，(2)社会研究の諸結果のコミュニケーションと世論の形成とを等置していること，(3)現に蠢動している民衆のエネルギーを探知し，複雑な相互作用と討論のネットワークを介してどんな結果をもたらすかを追究する科学的方法に裏づけられていない世論は真の世論ではなく，「軽蔑的な意味での『意見』[54]」にすぎないことを指摘している点であろう。そして，デューイがもっとも危惧したのは，コミュニケーション革命が大衆操作による虚偽の世論形成を助長するのではないかという点であった。この危惧や不安は，つぎの叙述に端的に表明されている。「ただ漠然と形成された意見や，虚偽を信じ込ませることで利益を得る人びとの指図のもとに形成される意見は単に名ばかりの公衆の意見といわざるをえないだろう[55]」（傍点原文）。

このようにふたりの世論観をなぞってみると，グレート・ソサエティあるいは大衆社会の世論形成において専門家のはたす重要な役割について両者の認識は交差するものの，リップマンはテクノクラート主導の社会工学的な世論形成が望ましいと考えているのにたいして，デューイは世論形成の主体はあくまでも公衆であって，専門家は科学的知識を社会に提供して進歩的な世論形成を側面的に支援するパートナーとして捉えられている点で，かれらの見解は決定的に異なっている。

リップマンが暫定的なものと前置きしたうえで，「世論の原理」に論及していることにも着目しておくべきであろう[56]。

(1) 行政行為は公衆に適していない。公衆の行為は行政にたずさわる立場にある党派にくみするかどうかにすぎないからである。

(2) 政治問題の本質的価値判断は公衆向きではない。公衆はインサイダーの職務に外側から横槍をいれることしかできないからである。

(3) 政治問題の予測・分析・解決は公衆に不向きである。公衆は争点になっている事実のごく一部に基づいて判断するからである。

(4) 政治問題の処理に必要な個別的・技術的で詳細な基準は公衆になじまない。多くの政治問題にたいする公衆の一般的規準とは本来，手続きと明示

的・外形的行動形態とに関するものであるからだ。

(5) 公衆に残された役割は論争中の当事者が既定の行動規準を遵守しているか，それとも恣意的欲望に追従しているかどうかについて判断することである。この判断はインサイダーの外面的行動を随意に見立てて行われざるをえない。

(6) この任意の見立てが適切であるためには，世論の本質に見合った規準を発見する必要があり，その規準は合理的行動と恣意的行動との識別に基づくことになるだろう。

(7) 規則を制定することであれ，規則を施行することであれ，あるいは規則を修正することであれ，合理的行動とは既定の手順に従う行為であり，そのことが社会的行為の目的にかなうのである。

民主的現実主義の立場を固守するリップマンの世論に関する各論的記述がここに集約されているとみてよいだろう。

世論形成に関連して最後に言及すべきことは「宣伝」(propaganda) にたいする考え方の相違である。リップマンにとって宣伝は大衆民主主義の時代の世論形成の有力な方法・手段であって，国民的合意を有効に創出するための強大な潜勢力を秘めた道具として把握されている。

リップマンはこう述べている。「合意の創出はなにも新しい技術ではない。民主主義の出現とともに消滅したと考えられていたのは昔の宣伝技術である。だが，宣伝は息を引き取らなかった。それどころか，宣伝は技術面で長足の進歩をとげた。宣伝は今日，経験則よりも分析に基礎づけられているからだ。(中略) 宣伝のショックを受けて，その言葉の不吉な意味だけでなく，われわれの古い宣伝観の自縄自縛からも解放されたのである」[57]。かれは宣伝を忌わしい悪魔の道具として断罪し頭ごなしにはねつけるのでなく，時代の不可逆的趨勢として醒めた視線で認識している。

宣伝の常套手段は大衆的情念を喚起する情動的シンボルの駆使と操作である。シンボルは「始発地や終着地に関係なく多数の鉄路が集中する鉄道の要衝」に

たとえられている。「政党や新聞がアメリカ主義，革新主義，法と秩序，正義，人道を唱えるとき，相争う諸党派の情動を融合したいと願っている。（中略）シンボルのもとに連携できたなら，人びとの感情は諸施策を批判的に詮索よりもシンボルへの同調になびくのである。（中略）シンボルは特定の思想を表わすのでなく，諸思想間の一種の休戦ないし合流のしるしにほかならない」[58]。したがって，「シンボルは連帯のメカニズムであるとともに搾取のメカニズムでもある」[59]。

他方，デューイは，宣伝の問題についてはもっと経験豊かな専門家の著述にゆだねたいと断ったうえで，「現況は史上前例がない」[60]と憂慮している。かれは宣伝時代の到来について，つぎのように述べている。「自分たちに有利に社会的諸関係を操作できる人たちが自由な研究と表現を妨げる技術を用いることで，大衆の惰性・偏見・情動的党派心をやすやすと自家薬籠中のものにしてしまう利器を開発してきた。広報代理店と称される雇われた世論の請負業者が政

表 8-3 世論観の対照表

		リップマン	デューイ
I	総体的見方	世論神話・世論の合理性の否定	公衆の知性・感性・社会的経験への信頼
II	基本的形成メカニズム	1)政治エリート・専門家主導のトップダウン型 2)鍵シンボルの操作	1)公衆の政治的組織化によるボトムアップ型 2)対話・討論・コミュニケーションの活性化
III	役割・機能	1)政治エリートへの支持・不支持 2)政策提案への賛否 3)政治的意思決定の正当な手続きへの監視 4)不当な政治権力の抑制	政治的意思決定過程への最大限の関与
IV	構造	公論（エリートの意見）と衆論（大衆の意見）との二重構造	多元的・複合的な公衆意見の多重構造
V	政治への実質的・潜在的影響力	微弱	強大
VI	現代世論の病根への処方箋	独立した専門的情報機構の制度化	コミュニケーションの抜本的な改良と審美的経験の育成を重視した公教育（市民教育）の確立

治を動かす時代に近づきつつあるようだ」[61]。指摘するまでもなく,「自由な研究と表現を妨げる技術」とは宣伝にほかならず,宣伝は虚偽となま半可な真理(half-truths)を社会に大量撒布し,思慮深い思考を擦り切れた惰性的思考や場当たりの意見に変質させてしまうのだ。宣伝が理性的世論の形成を歪め,世論を誤導するだけでなく,民主主義の魂というべき公共的な対話と討論をますます形骸化ないし空洞化することを,デューイが極度に恐れていたことに疑いの余地はないだろう。デューイとリップマンとの宣伝観には深い溝があったといわざるをえない。そして,このような宣伝観の相違がふたりの民主主義観の対照的構図への重要な布石であったことを看過してはならないだろう。

第❺節　民主主義論争

　リップマン対デューイ論争の主旋律はなんといっても民主主義の在り方をめぐる見解の尖鋭な対立であったといってよい。公衆の政治参加の拡大と強化を民主主義の望ましい歴史的発展であると主唱する現代民主主義論にたいして,リップマンは「現代政治の記述のみならず規範としてもとてつもなく不適切なもの」[62]であると批判し,いわゆる「参加民主主義」(participatory democracy)の不可思議な誤謬を容赦なく,そして忌々しく告発した。

　現代民主主義への危惧や否定的見解の論拠として,リップマンは(1)啓蒙思想に根深く染み込んだ「全能の市民という虚偽の理念」(false ideal of the omnicompetent citizen)[63]と,(2)ますます不透明化する政治的世界と加速する複雑錯綜した政治課題とに有効適切に対応できる公共の哲学を身につけた独立の専門家の不在とに言及している。

　18世紀の啓蒙思想以来の民主主義理論家は,市民が自治に必要な政治的世界を十全に認知し理解する能力を先験的に内有していると信じて疑わなかったけれども,この信条が民主主義の現実とははなはだしく乖離した幻想もしくは自己欺瞞であることは,経験科学が明白に実証してきた客観的事実である。にもか

かわらず，この信条にとりつかれている規範的民主主義論者はなかなかこのパラドックスを認めようとせずに，「民の声は神の声である」と詭弁を弄している。

　リップマンの民主主義批判はいちだんとピッチを上げて，「人民主権は虚構である。一般市民は理論上君臨するが，実際は統治しない」と論断する。市民の全能性という神話の幻想・誤謬に舌鋒鋭く切り込むリップマンの批判の刃はまことにすさまじく冴えわたっている。デューイが『世論』の書評で，「恐らくこれまで書かれた民主主義へのもっとも有効な告発と一般に考えられている[65]」と驚嘆したのも，掛け値なしにうなずけよう[66]。

　民主主義を担う政治主体である市民のこのような実態を直視するとき，民主政治を実効的かつ健全に機能させるのに，政策科学的思考と自律的判断のできる専門家の役割がおのずから浮かび上がってくる。「民主主義を悩ます諸問題は民主的方法では処理できないと思われる[67]」と，リップマンは切言を吐いている。そして，かれはアメリカ民主主義の起死回生の望みを専門家に託したのである。専門家こそ，民主主義の救世主にほかならないというわけである。

　専門家が「職業としての政治家」に影響力を行使しうるためには，政治的世界や個々の政策課題についての科学的な情報と知識を恒常的に提供できる機構が制度化され，円滑に作動しなければならない。専門的技術的知識・判断に基礎づけられた政治的意思決定は歴史の必然であり，一般市民にたいしても最良の利益をもたらすのである。

　こうして，リップマンの描く民主的現実主義は手続き民主主義論の性格を帯びることになる。すなわち，政治的意思決定はすべからくインサイダーに委ね，一般市民の政治関与は手続き的公正の次元にとどめるべきであるという見解にほかならない。かれはその見解を，つぎのように正当化している。「自治を成功させるわざは天性に根ざしているわけではないので，人びとはとうから自治のための自治を欲していない。かれらは結果を得るために自治を望んでいる。それゆえに，自治への最強度の衝動はいつでも劣悪な状態への抗議として起き

るのである」。[68]

 こうしたリップマンの見解にたいして，デューイはどんな民主主義観を抱懐していたのであろうか。結論を先取りしていえば，市民の実質的政治参加なくして民主主義は存立しえないというのが，デューイの不動の信条であった。

 大衆民主主義が市民の政治参加をめぐっていくたの問題をはらんでいることについて，デューイも目をふさいでいるわけではなく，[69]現実主義者が民主政治の欠陥を赤裸々に暴きだした貢績を評価すらしている。けれども，このことを短絡的に市民の自治能力の欠如の証左として論難するのは論理の飛躍であるだけでなく，そもそも歴史的洞察に欠ける思慮なき独断ではないのか。これは一般市民の自治能力への偏見に呪縛されたエリート主義的見方である。市民は知的・政治的潜在力をもっており，その自治能力は「知的大衆」の成長とあいまって確実に向上してきていることを見逃している。

 それに，市民の自治能力は多様な他者とかかわるコミュナルな実践の場を踏むことで累積的にパワーアップすることは，歴史の証明する知見であろう。公衆にたいして専門家と同等の政策的判断を求めること自体が根本的に間違っているのではないか。仮に公衆の政治的能力が政治エリート・専門家の場合と比較して劣っているとしても，肝要なポイントは，公衆が政治エリート・専門家の提供する情報・知識・提案を「共通の関心事に関係づけて判断できる能力」[70]をもっている点を的確に認識することである。こうして，デューイは大衆の知性や政治的能力について，つぎのように論結する。「社会研究とその公表が無知はいうに及ばず秘密・偏見・偏向・誤った表象・宣伝に取って代わるまで現存の大衆の知性が社会的諸施策を判断するのに，どのくらい適切かどうかあれこれ言うことはできない」。[71]

 民主主義が人間の自己実現・自己発展をめざす主体的自律的営為である以上，民主社会における政治的意思決定の主導権を政治エリート・専門家に譲り渡すことは，被治者の同意による支配という民主主義の原理に背馳し，その理念を磨滅することにならざるをえないだろう。

デューイにとって，民主主義とはなによりも社会生活の多様な人間関係・共同性をとおして人間の自律的創造的成長を助長し達成する手段・方法で，その原郷はローカル・コミュニティである。コミュニティは持続的で可視的な共同体であって，直面する諸問題をめぐって平等対等な社会関係のもとでの対話と討論を媒介に共通利益を探求し実現して問題解決をはかる社会的政治的実践の場にほかならず，民主主義とコミュニティとは切っても切れない連鎖関係にある。

「民主主義はコミュニティ生活の理念そのものである[72]」，「アメリカの民主政体は純粋のコミュニティ生活から発展した[73]」，「コミュニティ生活の明確な意識があらゆる意味合いにおいて民主主義思想を構成する[74]」，「コミュニティ生活から切り離された連帯・自由・平等は望みなき抽象観念である。そうした抽象観念の主張はめめしいセンチメンタリズムか，さもなければ結局のところ目的そのものが壊滅する途方もない狂信的な暴力に到るのである[75]」といった多彩な叙述がデューイの民主主義思想の神髄を生き生きと物語っている。突き詰めていえば，デューイにとって民主主義とは，根本的に倫理的実践概念であって，確固たる意志の楽観論がその思想の根底に深く沈潜している。

「グレート・コミュニティの探究」と題した第5章の結語はデューイの深みのある歴史的洞察の流露として，また純粋な思想的結晶として今日においても学ぶべき貴重な示唆にとむと思われる。

　もっとも困難な最高度の社会研究と絶妙で繊細な，そして躍動的で応答的なコミュニケーションのわざ（技・業）とが情報の伝達と流通の物理的機構を保有して生命を吹き込まなければならない。こうして，機械時代がその機構を完成した暁には，機械時代は横暴な主人ではなく生活の手段となるだろう。民主主義がおのずと実現するであろう。民主主義とは，自由で豊かな交わりの生活につけられた名称であるからだ。ウォルト・ホイットマンはすでにそのことを洞察していた。自由な社会研究が充実した感動

的なコミュニケーションのわざ（技・業）と固く結びつけられるときに，民主主義は成就するだろう」。[76]

民主的現実主義あるいはエリート主導型民主主義へのデューイの反論を取りまとめるなら，つぎのようになるだろう。
(1) 「大衆が政治問題に関与する能力をもっていないことの証拠として引き合いにだされる無知・偏向・浮躁・嫉妬・不安定さといったことはそれ自体知識人による支配への受動的服従になおさら適していない」[77]と考えられる。
(2) 「専門家・知識人は特権階級化するにつれて，奉仕しなければならないはずの公衆の要求を知る機会を奪われてしまう」[78]ので，その政策は社会の共通利益を反映できないだろう。「靴をはく当人が靴の不具合いを一番よく知っている」[79]ように，公衆こそ多様な社会的諸経験をとおしてみずからの利害を認識できるのである。
(3) 多数の人びとが聡明な政策決定に不可欠な社会研究を行うための知識と技能をもつ必要はない。それよりも重要なのは，多くの人びとが政治エリート・専門家の提言や政策を自分たちの共通利益に関連づけて理解し判断できるという点である。[80]政治エリート・専門家はこの大衆の能力や判断を適正に評価していない。
(4) エリート主義者たちは，有効な知性が生来の天性でないことを認識しそこなっている。肝心なのは「具現化された知性」（embodied intelligence）である。「アイザック・ニュートン卿に当時不可能であったのに，現代の機械工はオームやアンペアについて一席ぶつことができる。ラジオを修理したことのある多くの人びとはファラディが夢にも思わなかった事柄について判断できる。もしニュートンやファラディがいま生きていれば，素人や機械工は幼児同然であろうと思うのは的外れである」[81]。

かくして，デューイはラディカルな参加民主主義者であり，まがうかたなき

表 8-4 民主主義観の対照表

		リップマン	デューイ
I	理念的次元	倫理性・規範性の否定	人間の多様な自己成長・自己実現という倫理的理念の擁護
II	基本的特徴	1)統治システムとしての民主主義 2)手続き民主主義 3)統治の実効性	1)生活様式としての民主主義 2)集合的な経験・行為としての生きられた民主主義
III	政治形態	国民主権の間接民主制	人民主権の直接民主制への志向
IV	実効性・安定性	テクノクラート的エリート主義	ローカル・アソシエーション
V	危機克服の方策	1)専門家・テクノクラートによる科学的知識に基づく政治意思・政策の決定 2)公共哲学の復権	1)民主的公衆の育成 2)「民主主義には民主主義を」(more democracy) 3)自律的コミュニティの再生

コミュニタリアンであったといえよう。一般市民の政治参加は民主主義の本質であるだけでなく、人間の社会的共同性の根源にかかわっている。なぜなら、政治参加をとおして人びとは私的世界から公的世界へと踏みいれ、市民社会の政治的主体となるからである。参加なくして民主主義なしとは、このような政治哲学的含意をはらんでいるのである。

加うるに、かれの公衆の政治哲学の歴史的背景として、第一次世界大戦後のアメリカ民主主義が直面した2つの危機に着目しなければならない。すなわち、佐藤学が適切に指摘したように、「一つは大衆社会の成立による公衆の没落であり、もう一つは戦争ヒステリーに端を発するレッド・スケアによる市民的自由の抑圧である。デューイの公共圏の政治学は、この二つの民主主義の危機への抵抗」[82]にほかならなかった。

── 第❻節　リップマンとデューイとの接合をめざして ──

リップマン対デューイ論争の最大のテーマはいうまでもなく、グレート・ソサエティの出現、機械時代の到来、そして大衆的公衆（a mass public）の成立にともなって、民主主義と社会進歩との幸福な調和という啓蒙思想のオプチ

ミズムが激しく動揺し瓦解し始める歴史の転換期に直面して，その歴史の挑戦に，とりわけ現代社会における世論の意義と役割をめぐって，どう理論的・実践的に対応するのかというアポリアであった。

グレート・ソサエティや機械時代に関する時代診断や事実認識において，両者のあいだに差異や対立はほとんど存在しなかったといってよい。すなわち，①民主主義の古典的学説の基底にある「市民の全能性」という前提は幻想にすぎないこと，②対面的な社会関係に基礎づけられたローカル・コミュニティが産業革命・コミュニケーション革命・都市化などの社会変動の高波をもろにかぶって崩壊し始めたこと，③この社会の構造変動，とりわけ政治的規模の巨大化と政治的ユニットの集権化が人びとの無力感・疎外感・シニシズムを誘発し，アメリカ民主主義の危機をもたらしていること，④民主主義の危機は同時に公共的コミュニケーションあるいは公共圏の危機でもあること，⑤民主主義の危機を乗り切るためには，情報・知識の合理的な編成・伝達の機構が必要であって，この面で社会科学は政策科学として寄与すると期待できること，⑥消費社会の出現と大衆文化の日常生活への浸透が一般大衆の公共問題への関心を希薄化し，私生活優先のライフスタイルを助長していること，⑦宣伝時代の幕開けとともに，大衆動員・大衆操作による世論形成が前例のない規模で可能になったことなどについては，ふたりとも大筋として共通の認識をもっている。もちろん，事実認識の共通性といっても，個々の事実の背景や文脈，その意味づけや評価になると，見解が分かれ割れてくることは指摘するまでもないだろう。

リップマンの思想的立場については，民主的現実主義，自由主義的エリート主義，テクノクラート的エリート主義，自由保守主義などといったレッテルが張られているが，かれの思想的背後にプラトンが厳然と居座り，プラトン精神の魁偉さを強烈に印象づけられざるをえない。

だが，この高貴なプラトン主義を裏返すとき，大衆蔑視の衆愚論が不気味に見え隠れする。つぎのような粗暴で冷酷としかいいようのない大衆観に出会うとき，われわれは戦慄を覚え，戸惑いを禁じえないだろう。ただ単に筆が走り

乱れたということでは済まないリップマンの執拗な筆意が烈々とにじみでているからである。リップマンの民主主義批判の底に潜むこのような反民主的メンタリティに，デューイが敏捷に反応し原理的に反論したことはすでに述べたとおりである。デューイは疑いもなく，「リップマンが『民主主義の信条』("Democratic Faith") という名の赤子を科学の湯水とともに流してしまった」[83]と感じ取っていたといってよい。

　　まったく教養のない，優柔不断な，ひどく神経症的な，発育不全の，挫折感に打ちひしがれた個人の群れはまさしくかなりの数であり，一般に想像されているよりもはるかに多数であると考えてよい根拠がある。かくして，精神的な幼児や教養の欠けた人びと，もつれの沼地のなかで生きている人びと，活力が枯渇した人びと，自閉的な人びと，討論中の問題点を理解する経験がなかった人びとなどのあいだを，大衆受けする甘言が駆けめぐるのである。そうした人びとが世論の流れを堰き止め，誤解の小さな渦巻きに化してしまい，偏見とこじつけの類推で変色してしまう。[84]

デューイの思想的立場はまさにリップマンのミラーイメージ（正反対）である。それは民主的理想主義，ラディカルな参加民主主義，革新主義，共和主義，民主的社会主義などと位置づけられている。民主主義を統治形態という狭い枠内に囲い込むのでなく，その囲いを取り払って人びとの日常生活の場であるコミュニティに定礎する。かれはこう述べている。「民主主義思想は人間の諸関係に血肉化されなければ不毛で空虚なものにすぎない。（中略）民主主義の観念は最良の国家で具現できる場合でさえも，それよりももっと広く，もっと豊かな思想である。民主主義を実現するためには，家族・学校・産業・宗教といった人間結合のすべての様式に影響を及ぼしていかなければならない」[85]。このような意味合いにおいて，民主主義は「コミュニティ生活の理念そのもの」であって，「民主主義と人類の唯一の究極的な倫理的理念とは私の考えでは同義語で

ある」。

　この民主主義観を郷愁的なロマン主義・ユートピア主義と一刀両断に，あるいは懐疑的に切り捨ててしまうか，それとも民主主義思想の精髄と肯定的に見なすかによって，デューイにたいする評価が分かれることになろう。後者の見方に関連して，M.J.サンデルのつぎのような所見はデューイの民主主義思想のコミュニタリアン的側面を浮き彫りにしている点で傾聴に値すると思われる。「デューイにとって，コミュニティの喪失はただ単に友愛や仲間意識といったコミュニティ感情の喪失だけではなかった。さらに，自治に必要な共通のアイデンティティと公共生活の共有性との喪失でもあった」。

　ルソーの影がデューイの政治思想につきまとっていることも否定できないように思われる。デューイはルソーの一般意志を「神秘的で超越的な絶対意志のドグマ」として退けているけれども，かれが大文字の世論（Public Opinion）の用語を使うとき，共通利益・共通善を具現した人民の一般意志の同一性を想定しており，ルソー・モデルに限りなく接近してくるからである。

　現代民主主義が基本的にリップマンの描いた民主的現実主義の軌道に沿って展開してきたことを事実上否定できない。デューイの民主主義思想は隆盛をきわめた民主的現実主義の陰でひっそりと生息し，強力な擁護論者もほとんどいないありさまであった。だが，1960年代後半に民主的現実主義の欠陥や弱点が露顕し始めると，民主主義の自己革新力を再生しようと参加民主主義の理念が主唱され，デューイの民主主義思想がよみがえる機縁となるのである。

　R.B.ウェストブルックによれば，近年のアメリカの民主主義思想の注目すべき動向のひとつは，「ラディカルな転回」（radical turn）への弾みであるという。規範意識を根底に宿している実証主義者として現実主義的民主主義理論家の名声をほしいままにし，洗練された精緻な研究業績を積み上げてきたR.A.ダールも，民主主義の発展への障害のひとつとして政治参加の縮減を挙げ，手続き民主主義が「有効参加の基準」（criterion of effective participation）を満たすことを要請している。「この基準は一般に民主的と思われているいかなる

政府も，民衆による意見表明と参加への機会の提供あるいはそのコストの負担に基づいて評価されるべきであることを意味している[90]」。

ラディカル民主主義への潮流を支持し推進しようとしている政治家や政治思想家はデューイの民主主義思想を弾み車にして，「自由主義的コミュニタリアニズムや民主的社会主義といった混合政体」を構想し，「かれらの前方にデューイが存在した」ことを率直に認めている。「民主的現実主義は理論レベルで敗北したわけではないとしても，明らかに守勢に立っている[91]」。民主主義思想の潮流はリップマンからデューイへと反転しつつあるように思われる。

リップマン対デューイ論争を再検討したJ.D.ピーターズはその論文の題名を，「なぜデューイはさほど正しくなく，リップマンはそれほど間違っていなかったのか[92]」と巧みに言い表したけれども，1960年代後半以降のアメリカ民主主義思想の足取りに照らし合わせるなら，むしろ「なぜリップマンはさほど正しくなく，デューイはそれほど間違っていなかったのか」と書き換えたほうがよいかもしれない。デューイの洞察した民主主義像はその政治的ロマン主義の危うさを批判されつつも，いたずらに抽象的・観念的に理想化された陶然たる構想ではなく，民主主義の根本原理とアメリカ民主主義の共和主義的ルーツとに根ざしているだけに不死鳥のようによみがえるのであろう。

リップマン対デューイ論争の対照表をみるかぎり，ふたりの政治哲学は永遠に交わることのない二筋の道であり，いずれの道を選ぶか二者択一をしなければならぬと判じても，決して不当な断定ではないだろう。両者を統合する方途を探究する企ては，あたかも水と油とが互いをはじきあうように，ほとんど徒労に終わるシシュフォスの永遠の苦行のようにみえる。しかし，つぎのような見解もある。「あらゆる相違にもかかわらず，リップマンとデューイの思想の多くはその・ユ・ー・ト・ピ・ア的な性格において類似し，それゆえ（一見排他的であるようにみえるけれども）相補的である[93]」（傍点原文)，「リップマンとデューイは互いに相手を必要としている。ふたりはどちらが勝者で，どちらが敗者であるかではなく，現代民主主義の考察に関する2つのヴィジョンとして，われわれ

の思索のなかでいつまでも相互補完的に結び合わせられるだろう」[94]。いずれも思慮深い見識であるけれども、リップマンとデューイのいずれの民主主義観を中軸原理として接合をはかるかが肝要であることは改めて指摘するまでもない。

すでに触れたように、リップマンは「民主主義の苦悩と危機は民主的方法によって処理できない」と主張した。他方、デューイは、「民主主義の疾患は民主主義の方法でしか処置できない」ことを力説した。「民主主義にはより多くの民主主義を」（more democracy）の原則にほかならない。この原則は今日、国民投票制度・住民投票制度や情報公開制度やテレデモクラシーなどの直接民主制の制度化によって漸進的に実現されている。直接民主制の拡大強化は押し止めることのできない歴史の潮流といってよい。

もちろん、人民主権に基づく直接民主制が民主主義の本義であるとしても、直接民主制が現代の民主主義問題をすべて解決する万能薬でないことも歴史の証明するところである。直接民主制と間接民主制とをどう組み合わせバランスをとりつつ民主主義の創造的・革新的発展を押し進めるかが問われている。したがって、現代民主主義の理論構築はリップマンの冷徹なリアリズムとデューイの高貴なユートピア主義とを包摂することが要請されているのである。ただし、両者の政治哲学を建設的に接合するという遠大な難題に成功裏に挑戦するためには、その前提条件として一方でリップマンの発想や意識の根底にうごめく反民主的衝動の刺を抜くこと、他方で「ふたりのジョン・デューイ」といわれるデューイ思想のもつれを解きほぐすことがまずもって不可欠の課題ではないかと思われる。

（岡田　直之）

注
1) Schramm, W., *The Beginnings of Communication Study in America: A Personal Memoir*, edited by S.H. Chaffee and E.M. Rogers, Sage, 1997, p.110.
2) ① Dewey, J., "Public Opinion," *New Republic*, May 3, 1922, pp.286-

288.

② Dewey, J., "Practical Democracy," *New Republic*, December 2, 1925, pp.52-54.
3) Dewey, J., *The Public and Its Problems*, Henry Holt, 1927.
なお，1946年版以降には，副題がつけられている。
――, *The Public and Its Problems: An Essay in Political Inquiry*, Henry Holt, 1946.（阿部斉訳『現代政治の基礎－公衆とその諸問題－』みすず書房　1969年）
4) *Ibid.*, pp.116-117n.（同訳書　132ページ）
5) R.B.ウェストブルックはリップマンの政治思想を「民主的現実主義」(democratic realism) と名づけている。
Westbrook, R.B., *John Dewey and American Democracy*, Cornell University Press, 1991, especially pp.275-318.
6) Peters, J.D., "Why Dewey Wasn't So Right and Lippmann Wasn't So Wrong: Recasting the Lippmann-Dewey Debate," Paper presented at International Communication Association, May 1997, Montréal, p.4.
7) Lippmann, W., *Public Opinion*, Macmillan, 1922, p.90.（掛川トミ子訳『世論』（上），岩波文庫，1987年，123-124ページ）
なお本書の Transaction 版が1991年に出版されている。
――, *Public Opinion,* with a New Introduction by Michael Curtis, Transaction, 1991.
8) *Ibid.*, p.81.（同訳書（上）　111ページ）
9) *Ibid.*, p.96.（同訳書（上）　132ページ）
10) *Ibid.*, p.90.（同訳書（上）　124ページ）
11) *Ibid.*, p.31.（同訳書（上）　48ページ）
12) *Ibid.*, p.365.（同訳書（下）　222ページ）
13) リップマンの疑似環境の概念はかならずしも明確ではない。疑似環境は通例，外的世界・現実環境と内的世界・ステレオタイプとの中間に位置づけられている（図8－1参照）。しかし，疑似環境は一方では外的世界から独立して存在するわけ

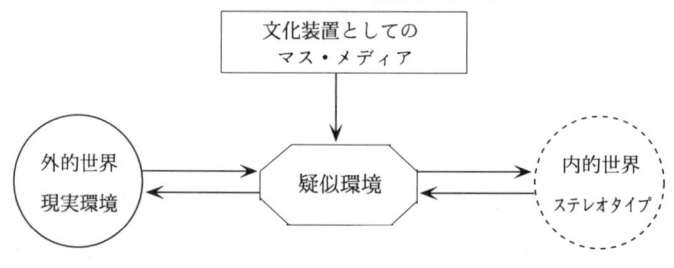

図8-1　リップマンの疑似環境概念図(1)

```
            ┌──────────────┐
            │  文化装置としての   │
            │   マス・メディア    │
            └──────┬───────┘
                   │
                   ▼
  ┌─────┐      ┌─────┐      ┌─────┐
  │外的世界│ ───▶│疑似環境│───▶ │内的世界│
  │現実環境│ ◀───│       │◀─── │ステレオタイプ│
  └─────┘      └─────┘      └─────┘
```

第8章　リップマン対デューイ論争の見取り図と意義　197

図8-2　リップマンの疑似環境概念図(2)

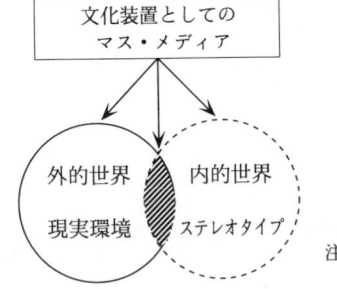

注）斜線部が疑似環境を表す

ではないし，他方では内的世界に内在化されている。したがって，疑似環境を外的世界と内的世界とにまたがる横断的境域として把握するのが妥当ではないかと思われる（図8-2参照）。

14) Dewey, J. (1927), *op.cit.*, p.149.（前掲訳書　168ページ）
15) *Ibid.*, p.142.（同訳書　159ページ）
16) Lippmann, W., *The Phantom Public*, Harcourt, Brace, 1925, p.13. なお，本書の Transaction 版が1993年に出版されている。
　――, *The Phantom Public*, with a New Introduction by Wilfred M. McClay, Transaction, 1993.
17) *Ibid.*, p.65.
18) *Ibid.*, p.65.
19) *Ibid.*, p.150.
20) Lippmann, W., *Essays in the Public Philosophy*, Little, Brown, 1955, published as *The Public Philosophy: On the Decline and Revival of the Western Society*, Hamish Hamilton, 1955, p.13.（矢部貞治訳『公共の哲学』時事通信社　1957年　18ページ）
21) 掛川トミ子「解説」W.リップマン，前掲訳書（下）　296ページ。
22) Lippmann, W. (1922), *op.cit.*, p.400（同訳書（下）　261ページ）
23) Lippmann, W. (1925), *op.cit.*, pp.144-145.
24) *Ibid.*, p.126.
25) Lippmann, W. (1955), *op.cit.*, p.15.（前掲訳書　20ページ）
26) Dewey, J., (1927), *op.cit.*, p.123.（前掲訳書　139ページ）
27) *Ibid.*, p.38.（同訳書　46ページ）
28) *Ibid.*, p.38.（同訳書　46ページ）
29) *Ibid.*, pp.15-16.（同訳書　19ページ）
30) *Ibid.*, p.137.（同訳書　154ページ）
31) *Ibid.*, p.126.（同訳書　142ページ）
32) *Ibid.*, p.67.（同訳書　78ページ）

33) 鶴見俊輔『人類の知的遺産60』講談社　1984年　262ページ。
34) Dewey, J. (1927), *op.cit.*, p.140. (前掲訳書　157ページ)
35) *Ibid.*, p.35. (同訳書　42ページ)
36) *Ibid.*, p.8. (同訳書　11ページ)
37) *Ibid.*, p.21. (同訳書　26ページ)
38) *Ibid.*, p.22. (同訳書　26ページ)
39) *Ibid.*, p.77. (同訳書　89ページ)
40) *Ibid.*, p.67. (同訳書　78ページ)
41) *Ibid.*, p.35. (同訳書　42ページ)
42) *Ibid.*, p.140. (同訳書　157ページ)
43) *Ibid.*, p.141. (同訳書　158ページ)
44) *Ibid.*, p.109. (同訳書　123ページ)
45) *Ibid.*, p.147. (同訳書　166ページ)
46) *Ibid.*, p.149. (同訳書　168ページ)
47) *Ibid.*, pp.39-63. (同訳書　48～73ページ)
48) *Ibid.*, p.110. (同訳書　125ページ)
49) Lippmann, W. (1925), *op.cit.*, pp.197-198.
50) *Ibid.*, pp.70-71.
51) Lippmann, W. (1922), *op.cit.*, p.375. (前掲訳書（下）230ページ)
52) *Ibid.*, p.342. (同訳書（下）195ページ)
53) Dewey, J. (1927), *op.cit.*, p.177. (前掲訳書　197ページ)
54) *Ibid.*, p.177. (同訳書　197ページ)
55) *Ibid.*, p.177. (同訳書　197ページ)
56) Lippmann, W. (1925), *op.cit.*, pp.144-145.
57) Lippmann, W. (1922), *op.cit.*, p.248. (前掲訳書（下）82～83ページ)
58) *Ibid.*, p.206. (同訳書（下）29ページ)
59) *Ibid.*, p.236. (同訳書（下）67ページ)
60) Dewey, J. (1927), *op.cit.*, p.181. (前掲訳書　201ページ)
61) *Ibid.*, p.169. (同訳書　188ページ)
62) Westbrook, R.B., *op.cit.*, p.294.
63) Lippmann, W. (1925), *op.cit.*, pp.38-39.
64) *Ibid.*, p.14.
65) Dewey, J. (1922), *op.cit.*, p.286.
66) デューイは全能の市民という観念について，(1)諸個人が政策を形成できる能力をもっていること，(2)政策のもたらす諸結果を判断できること，(3)政治行動の必要なあらゆる状況で何が自己利益であるかを見極める能力をもっていること，(4)善とみずから考えることを実行する意思のあることを反対勢力に逆らっても貫き通すことができること，といった一連の仮定を内包していると説明し，歴史の展開はその前提が幻想にほかならなかったことを証明した，と述べている〔Dewey,

J. (1927), *op.cit.*, p.158.(前掲訳書 177ページ)〕。

したがって、市民の全能性神話が民主主義理論の障害になっている点については、リップマンとデューイとに基本認識の相違はなかった。だが、リップマンはその基本認識に基づき市民の積極的政治参加に否定的立場をとったのにたいして、デューイはその基本認識にもかかわらず、公衆の潜在的自治能力を確信し、公衆の自治能力を開発し知的に成長させる可能性を、民主主義は本来的にはらむと考えた。

67) Lippmann, W. (1925), *op.cit.*, pp.189-190.
68) Lippmann, W. (1922), *op.cit.*, p.312.(前掲訳書(下) 160ページ)
69) この点について、デューイはこう記している。「普通選挙権や行政機関の長・議員の公選といった民主政治の諸形態をもたらしたと同じ諸力が同時にまた、包括的かつ友愛で結ばれた公衆の真の道具として政府を活用することを要請する社会的・人道的理想の動きを止めてしまう条件にもなった」。 Dewey, J. (1927) *op.cit.*, p.109.(前掲訳書 123ページ)
70) *Ibid.*, p.209.(同訳書 229ページ)
71) *Ibid.*, p.209.(同訳書 230ページ)
72) *Ibid.*, p.148.(同訳書 167ページ)
73) *Ibid.*, p.111.(同訳書 126ページ)
74) *Ibid.*, p.149.(同訳書 168ページ)
75) *Ibid.*, p.149.(同訳書 168ページ)
76) *Ibid.*, p.184.(同訳書 204ページ)
77) *Ibid.*, p.205.(同訳書 226ページ)
78) *Ibid.*, p.206.(同訳書 227ページ)
79) *Ibid.*, p.207.(同訳書 228ページ)
80) *Ibid.*, p.209.(同訳書 229ページ)
81) *Ibid.*, p.210.(同訳書 231ページ)
82) 佐藤学「公共圏の政治学－両大戦間のデューイ－」『思想』No.907(2000年1月号)岩波書店 25ページ。
83) Eulau, H., "From Public Opinion to Public Philosophy: *Walter Lippmann's Classic Reexamined*," *American Journal of Economics and Sociology* 15(4): 439-451, 1955-56, p.450.
84) Lippmann, W. (1922) *op.cit.*, p.75.(前掲訳書(上) 106〜107ページ)
85) Dewey, J. (1927) *op.cit.*, p.143.(前掲訳書 161ページ)
86) Dewey, J., "The Ethics of Democracy," in *The Early Works of John Dewey, 1882-1898*, vol.1, Southern Illinois University Press, 1969: 227-249, pp.240, 244, 248. ただし、Peters, J.D., "Democracy and American Mass Communication Theory: Dewey, Lippmann, Lazarsfeld," *Communication* 11(3): 199-220, 1989, p.204. からの重引。
87) Sandel, M.J., *Democracy's Discontent:America in Search of a Public*

Philosophy, Harvard University Press, 1996, p.208.
88) Dewey, J. (1927) *op.cit.*, p.54. (前掲訳書 64ページ)
89) Westbrook, R.B., *op.cit.*, pp.550-551.
90) Dahl, R.A., "On Removing Certain Impediments to Democracy in the United States," *Political Science Quarterly* 92(1): 1-20, 1977, p.11.
91) Westbrook, R.B., *op.cit.*, p.550.
92) Peters, J.D. (1997) *op.cit.*, pp.1-20.
93) Splichal, S., *Public Opinion: Developments and Controversies in the Twentieth Century*, Rowman & Littlefield, 1999, pp.165-166.
94) Peters, J.D. (1997) *op.cit.*, p.18.

索　引

あ　行

RAI　121
ITA　121
ITV　127, 130
アウトサイダー　173
浅野健一　12
朝日ジャーナル　3
アストラ衛星　124
アドミニストラティブな研究　160
アナログ情報技術　44
新井直之　8
意思決定　24
1対多　73, 83
イデオロギー　93
イデオロギーの終焉　16, 17
伊藤牧夫　5
今村仁司　158
インサイダー　174, 183, 186
インターネット　49, 50, 51, 53, 54, 55, 56, 58, 59, 60, 61, 62
インターフェース　48
ヴァーチャル・リアリティ　63
ウェーバー, M.　146, 147, 148, 149
上前淳一郎　5
ウォーラス, G.　179
売れる表現　77, 90
ARD　120
エコロジー　29
X交差時点　31
エネルギー　26
NIE (Newspaper in Education)　107
ORTF　120
男らしさ・女らしさ　67, 80
オン・ザ・ジョブ・トレーニング　109

か　行

カー, C.H.　25
カウンター・プロパガンダ　111
科学的知識　37
掛川トミ子　174
囲い込み　81
価値観の多様化　29
価値生産　37
カッツ, E.　156
家庭面　81
カナル・プリュス　120, 125
ガルブレイス, J.K.　25
官僚制社会　20
記号と象徴のバベル　171
疑似イベント　101
疑似環境　155, 169, 170
技術至上主義　35
技術的知識　26
キャンペーン　105
教育ある社会　34
教化　98
教科書検定　111
共同体　24, 25
キルヒ・グループ　126, 130
近代工業社会　26
具現化された知性　189
クリティカル（批判的）　86, 87
グレート・コミュニティ（巨大共同体）　177, 188
グレート・ソサエティ（巨大社会）　177, 179, 180, 182, 191
経済発展段階論　29
経済部門　23
KtK報告　122
ケーブル・スペース・ネットワーク　123, 124
ケーブル・テレフォニー政策　123
検閲　102
研究集約的　33
公共の哲学　174, 185
公共家族　28
公器　75, 77
公正・中立　104
高度産業社会　25
高度情報社会　35
高度大衆消費時代　29
広報　100
功利主義　24
合理主義的科学　21
国際化　29
個人主義　24
国家統制社会　20
子どもとテレビ　76
コミュニケーション・メディア　46, 47, 49
コミュニタリアン　190, 193

さ　行

サービス・セクター　24
サービス経済　26, 27
財貨生産経済　26, 27
サイバースペース　60, 61, 62, 63
佐藤卓己　162
佐藤毅　4
佐藤学　190
サブリミナル　115
産業革命　31
サンデル, M.J.　193
山陽新聞　3
CATV　71
ジェンダー　67
自主規制　102
市場　24
資本主義の文化的矛盾　28
シミュレーション　47
市民の全能性　191

市民の全能性という神話　186
ジャーナリズム倫理　14
社会的影響力　76
社会的リアリティ　58, 59
社会発展段階論　29
社会運動　112
社会福祉　24
社是・編集綱領　9
集合化の契機　25
自由選択的購買力　34, 39
自由選択的時間　39
シュプリンガー・コンツェルン　130
シュラム, W.　155
準備的プロパガンダ　105
生涯教育　29
少年法第61条の扱いの方針　12
情報　25, 28
情報革命　32
情報過重荷　40
情報化の進展　29
情報技術　35
情報係数　34
情報産業　33
情報社会　21, 22, 23, 25, 26
情報社会学　26
情報・知識産業　28
将来の方向付け　24
職業分布　23
女性ならではの視点　81, 84
シラー, H.I.　158
新聞の中立性　9
シンボル　98, 184
心理戦争　141
ステレオタイプ　155, 169, 170
ステンベック, J.　134
生活面　81
政策科学　149, 160
性差別的表現　68, 69, 74
政治的公平　10, 11
性別役割意識　74
性暴力　74
説得　98, 99
ZDF　121
宣伝　183, 185, 191
宣伝分析研究所　159
煽動　98
全能の市民という虚偽の理念　185
専門－科学職層　24
専門的知識　37, 38
総ジャーナリズム状況　8
双方向メディア　52
組織化　29

た　行

第三次産業　26
大衆社会論　17, 18, 19, 152, 153
大衆操作メディア観　157
大衆的公衆　190

大衆文化　18
大衆天皇制　101
太初にコミュニケーションありき　171
対人コミュニケーション　50, 52, 53, 59
田上時子　86
多元的デモクラシー　29
脱近代　22
脱工業社会　20, 21, 23, 24, 25, 26, 28
脱工業社会の到来　19, 21, 22, 26, 27
脱工業社会論　21, 22, 23, 24, 26
脱同族資本主義　22
田中義久　144
ダール, R.A.　193
WAZ　131
タンストール, J.　143
男性中心の視点　79
地域メディア・小規模メディア　82
知識　28
知識産業　32, 33
知識社会　16, 28, 33, 36, 37, 38
知識集約型　25
知識職業　33
知的技術　24, 28
知的大衆　187
中軸原理　23
中軸法則　23, 27
調査報　6
塚本三夫　3
作り手・送り手　69, 73, 75
辻村明　10
椿発言事件　14
椿発言問題　10
鶴見俊輔　177
TBS　11
データベース　37, 50, 55
DTH　124
デジタル・オポチュニティー　108
デジタル・ディバイド　108
デジタル衛星放送　125
デジタル情報技術　44
手続き原則　175
テロ　94
天皇制　93
同族資本主義　20
匿名報道　12
都市化係数　34
都市化　29

な　行

内面化　77
ニューメディア　108
人間関連サービス　38
根深い争点　176

は　行

パーク, G.　32
パーク, R.E.　148, 149
発禁　102

ハッチンス委員会　8
発表ジャーナリズム　7
原寿雄　7
BBC　121, 127
ビジネスの論理　78
日高六郎　9
表現的象徴主義　27
ヒンメルワイト, H.　76
ファッション化　39
フィードバック　52, 53, 54, 63
フィナンシャル・タイムズ・ドイッチラント　132
プラトン　191
プラン・カーブル　123
フランクフルト学派エミグレ　152
ブルーマー, H.G.　150
プレスコード　5
プロフェッショナル・サービス　38
文化自由会議　17
ベル, D.　16, 25
ベルテルスマン　131, 132, 136
ベルルスコーニ, S.　121, 132
ベレルソン, B.R.　150, 153
編集権声明　2
ホヴランド, C.I.　142, 153
放送禁止　104
報道被害　14
豊富化　29
ポータルサイト　54, 58
ポストモダン　22
ポストモダン派　23
ポストモダン論　22
ポストモダン論争　22, 23
ボランティア　108

　　ま　行
マス・コミュニケーション　50, 52, 53
マス・メディア　18, 51, 52, 54, 55, 58, 62
松岡英夫　5
マートン, R.K.　143

学び　86, 87
マハループ, F.　32, 33
マルクス, K.　19, 20
マルクス主義　20, 21, 22, 27
マルチメディア　107
ミニコミ　71
未来社会学　22
「民主主義にはより多くの民主主義を」の原則　195
民主主義の救世主　186
民主的コミュニケーション観　156
民主的公衆　178
メディア・イベント　100
メディア・リテラシー　72, 78, 84, 107
メディア空間　48
メトロ　135

　　や　行
山本明　2, 8
余暇の増大　29
世論操作　98

　　ら　行
ラザースフェルド, P.F.　142, 143, 150, 151, 153, 156, 159, 160
ラスウェル, H.D.　142, 149, 150, 153, 160
ラディカル民主主義　194
ラング, K.　143
リオタール的コミュニケーション観　158
リップマン, W.　155, 156
リモートセンシング　45
理論的知識　24, 37
リンク　56
ルソー, J.J.　193
ルソー・モデル　193
レヴィン, K.　142, 153
レッド・スケア　190
労働集約型　25
ロジャーズ, E.M.　144, 148, 155, 158
ロストウ, W.W.　25, 29

索　引　203

編著者

廣瀬　英彦（ひろせ・ひでひこ）
略歴
1932年　東京生まれ
1955年　東京大学文学部卒業
1960年　東京大学大学院社会科学研究科新聞学専攻単位取得満期退学
　　　　日本新聞協会勤務を経て
2003年3月まで東洋大学社会学部教授　社会学博士
主要著書　『現代マスコミュニケーション論』（共著，有斐閣，1982年）
　　　　『新聞の編集権』（共著，日本新聞協会，1986年）
　　　　『現代放送キャンペーン論』（編著，学文社，1987年）
　　　　『現代社会とコミュニケーションの理論』（編著，勁草書房，1988年）
　　　　『現代コミュニケーション政策論』（情報社会学研究所，1989年）
　　　　『新聞学』（共著，日本評論社，1995年）
　　　　『法と情報』（共著，信山社，1997年）
　　　　『情報の倫理』（編著，富士書店，2000年）

岡田　直之（おかだ・なおゆき）
1933年　東京生まれ
1956年　東京教育大学文学部卒業
1961年　東京大学大学院社会科学研究科新聞学専攻単位取得満期退学
　　　　成城大学文芸学部講師・助教授・教授（1962年4月～1991年3月）
　　　　東洋大学教授（1991年4月～2003年3月）を歴任。博士（社会学）
主要著書　『社会的行動（今日の社会心理学2）』（共著，有斐閣，1969年）
　　　　『リーディングス日本の社会学20　マス・コミュニケーション』
　　　　　（共編，東京大学出版会，1987年）
　　　　『マスコミ研究の視座と課題』（東京大学出版会，1992年）
　　　　『世論の政治社会学』（東京大学出版会，2001年）
訳　書　ダニエル・ベル『イデオロギーの終焉－1950年代における政治思想の
　　　　涸渇について－』（東京創元社，1969年）

現代メディア社会の諸相

2003年4月30日　第一版第一刷発行

　　　　　　　　　　　　　　　編著者　廣瀬　英彦
　　　　　　　　　　　　　　　　　　　岡田　直之
　　　　　　　　　　　　　　　発行所　㈱　学　文　社
　　　　　　　　　　　　　　　発行者　田中千津子

東京都目黒区下目黒3－6－1
〒153-0064　電話（03）3715－1501（代表）　振替 00130－9－98842
http://www.gakubunsha.com

乱丁・落丁本は，本社にてお取替え致します。　　印刷／新灯印刷㈱
定価は，カバー，売上カードに表示してあります。　＜検印省略＞

ISBN 4-7620-1252-1